A1
Méthode de français

Livre de l'élève

Fabienne Gallon et Céline Himber

DELF : Adeline Gaudel

FRANÇAIS LANGUE ÉTRANGÈRE

MODE D'EMPLOI

Une page d'ouverture
Pour découvrir la thématique de l'unité

Deux leçons d'apprentissage
Pour découvrir progressivement la langue en contexte

Documents oraux et écrits variés

Boîtes à outils de lexique, de communication et de grammaire

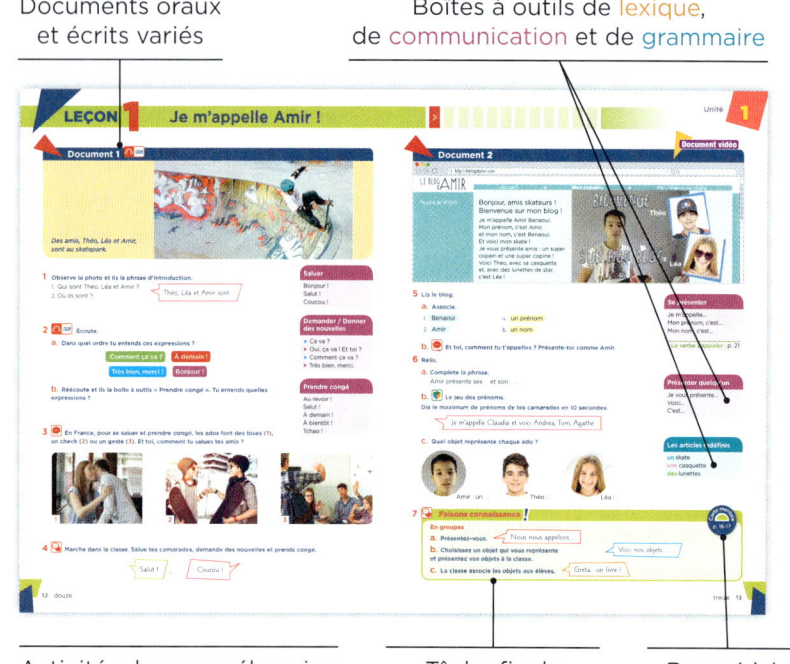

Contrat d'apprentissage

Ressources complémentaires

Activités de compréhension des documents et de découverte de la langue

Tâche finale collaborative

Renvoi à la carte mentale de l'unité

Trois pages Lexique et Communication
Pour mémoriser le lexique et les actes de parole et s'entraîner en classe

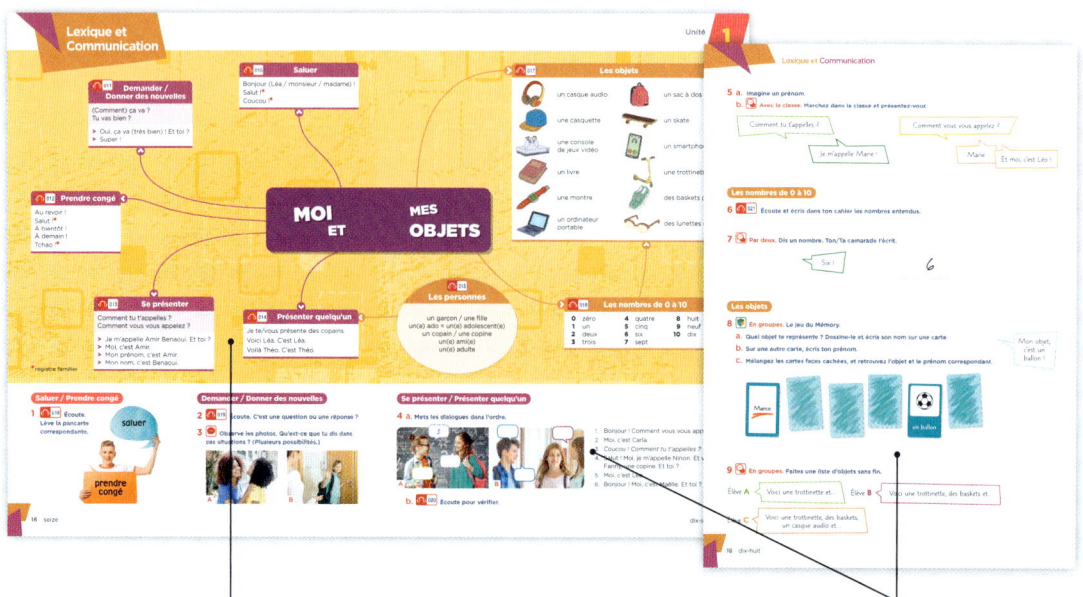

Carte mentale enregistrée et illustrée

Activités d'entraînement collectif ou individuel

2 deux

D'UNE UNITÉ

Trois pages Grammaire et Verbes

Pour approfondir la grammaire et s'entraîner en classe

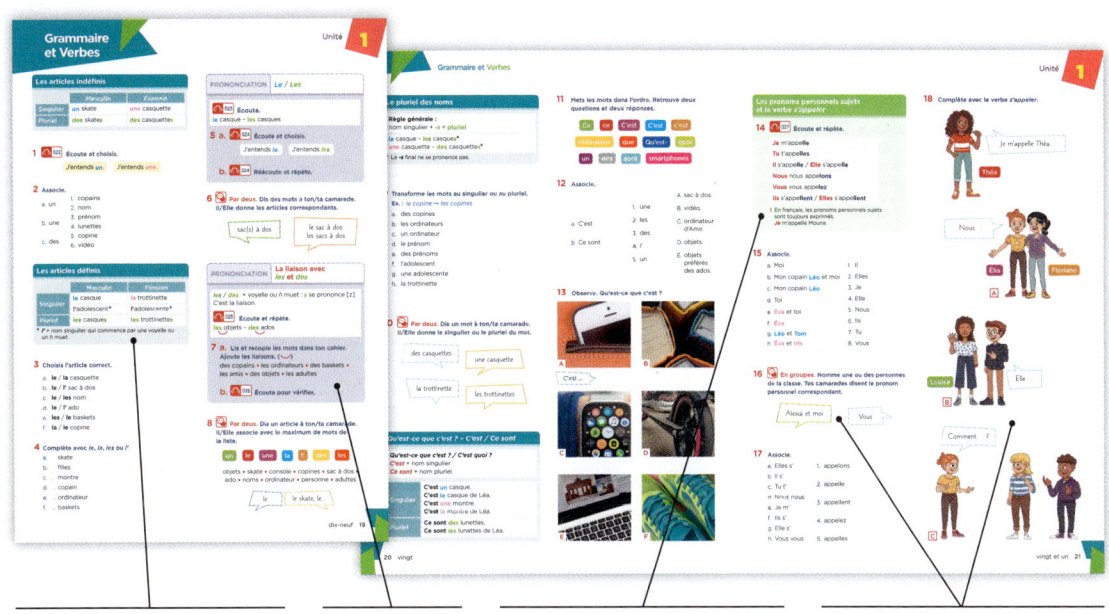

Tableaux de grammaire schématisés

Activités de phonétique

Tableaux de conjugaison enregistrés

Activités d'entraînement collectif ou individuel

Une évaluation

Évaluation de la compréhension (orale et écrite) et de la production (orale et écrite). Notée sur 20 points.

 pistes audio accessibles sur explore.hachettefle.fr

 vidéos accessibles sur explore.hachettefle.fr

 activités ludiques et collaboratives

 activités de production orale individuelle

 activités d'interaction orale

 activités de production écrite

TABLEAU DES CONTENUS

	APPRENONS À...	COMMUNICATION	LEXIQUE
Unité de découverte *8-10*		• Comprendre des consignes • Épeler	• Les objets de la classe • L'alphabet • Les couleurs
Unité 1 **Rencontres** *11-22*	Saluer et nous présenter **Tâche finale** Faire connaissance Nommer et compter des objets **Tâche finale** Faire le Top 10 de nos objets préférés	• Saluer / Prendre congé • Demander / Donner des nouvelles • Se présenter / Présenter quelqu'un	• Les personnes • Les nombres de 0 à 10 • Les objets
Unité 2 **Origines** *23-34*	Parler de nos origines **Tâche finale** Créer le drapeau de la classe Présenter et décrire notre famille **Tâche finale** Organiser un concours « Selfie de famille »	• Dire la nationalité • Dire l'âge • Présenter et décrire quelqu'un	• Les noms de pays • La famille • Les nombres de 11 à 69
Unité 3 **Loisirs** *35-46*	Parler de nos goûts et de nos activités **Tâche finale** Organiser une semaine « Loisirs au collège » Échanger sur notre pratique sportive **Tâche finale** Réaliser une interview	• Parler de ses goûts • *Pourquoi ? / Parce que* • Exprimer la fréquence (1)	• Les jours de la semaine • Les moments de la journée • Les activités de loisirs • Les sports
Unité 4 **Rendez-vous** *47-58*	Présenter et décrire notre collège **Tâche finale** Préparer la visite guidée de notre collège Parler des horaires et des matières scolaires **Tâche finale** Imaginer notre emploi du temps idéal	• Dire la date • Dire l'heure • Fixer un rendez-vous • Situer dans le temps • Parler de son emploi du temps	• Les mois de l'année • Les lieux du collège • Les matières scolaires
Unité 5 **Héros** *59-70*	Décrire le caractère et la profession **Tâche finale** Créer l'affiche d'un héros de tous les jours Décrire le physique et parler des animaux **Tâche finale** Créer un quiz sur les héros et leur animal	• Décrire le caractère • Décrire le physique	• Les professions • Les animaux
Unité 6 **Réseaux sociaux** *71-82*	Nous exprimer sur les réseaux sociaux **Tâche finale** Échanger des messages Donner des conseils et parler de l'amitié **Tâche finale** Participer à un forum sur l'amitié	• Exprimer des états d'âme • Donner un numéro de téléphone, une adresse mail • Exprimer la fréquence (2)	• Les nombres de 70 à 100 • Les réseaux sociaux • L'amitié

GRAMMAIRE	VERBES	PHONÉTIQUE / PRONONCIATION
		• Épeler
• Les articles indéfinis • Les articles définis • Le pluriel des noms • *Qu'est-ce que c'est ?* – *C'est / Ce sont*	• Les pronoms personnels sujets et le verbe *s'appeler*	• *Le / Les* • La liaison *(1)* avec *les* et *des*
• La préposition *de* + article • Les adjectifs possessifs • Les adjectifs de nationalité • L'accord des adjectifs *(1)* • *C'est* et *ce sont* *Il/Elle est* et *Ils/Elles sont*	• Le verbe *être* • Le verbe *avoir*	• Les consonnes finales muettes • La liaison *(2)*
• La négation *ne... pas* • La question avec *quel* • *Faire de* et *jouer à* + article • La négation *ne... pas de* • La question *Est-ce que... ?* / *Qu'est-ce que... ?*	• Les verbes *en –er* (*aimer*) • Le verbe *faire*	• L'intonation
• *Où* et *quand* • Les adjectifs démonstratifs • *Il y a* et *Il n'y a pas de/d'* • La préposition *à* + article • Le pronom *on* (= *nous*)	• Le verbe *aller* • Le verbe *venir*	• Le son [ɔ̃]
• Le genre des professions • Les pronoms toniques • L'accord des adjectifs *(2)* • Les indéfinis *quelqu'un (de/d')* et *quelque chose (de/d')* • *très* et *beaucoup (de/d')* • L'accord des adjectifs de couleur	• Le verbe *pouvoir*	• Les couples de voyelles
• L'adjectif indéfini *tout* • *Combien* et *Combien de/d'* • L'impératif • La place des adjectifs	• Le verbe *envoyer* • Les verbes en *-ger* (*partager*)	• Le son [ã] • Les sons [ʃ] et [ʒ]

Ressources +

	VIDÉO	CULTURE ET CITOYENNETÉ	MON COURS DE/D'...
Unité 1 *84-89*	**Leçon 1 - Document 2**	**Gestes et salutations** ➕ VIDÉO **Compétences citoyennes** « Tu » ou « vous » ?	**Arts plastiques** • nommer le matériel • nommer des techniques
Unité 2 *90-93*		**Noms, familles et origines** ➕ VIDÉO **Compétences citoyennes** La carte nationale d'identité	**Géographie** • nommer des pays et des langues du monde • nommer des capitales
Unité 3 *94-99*	**Leçon 6 - Document 1**	**Le sport, loisir préféré des ados français** ➕ VIDÉO **Compétences citoyennes** Le handisport	**EPS (Éducation physique et sportive)** • décrire des actions sportives • nommer des équipements sportifs
Unité 4 *100-103*		**Le collège en France** ➕ VIDÉO **Compétences citoyennes** Les délégués de classe	**Mathématiques** • formuler des opérations mathématiques • formuler des fractions
Unité 5 *104-109*	**Leçon 10 - Document 2**	**Les animaux de compagnie des Français** ➕ VIDÉO **Compétences citoyennes** Animaux abandonnés	**SVT (Sciences de la Vie et de la Terre)** • situer les animaux dans leur milieu naturel • classer les animaux
Unité 6 *110-113*		**Internet et communication** ➕ VIDÉO **Compétences citoyennes** Accros aux écrans	**Informatique** • nommer des actions sur un ordinateur • parler de ses actions sur Internet

VIDÉO

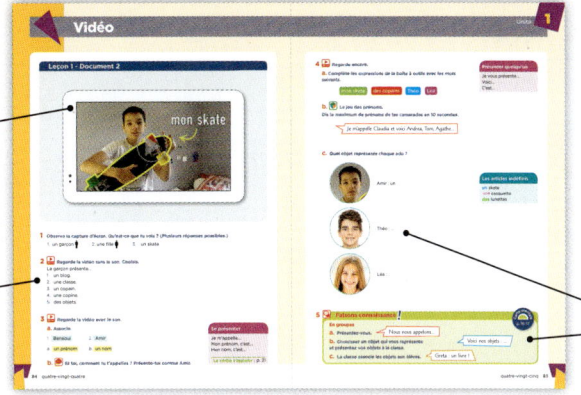

Document de l'unité en version vidéo

Activités de compréhension de la vidéo et de découverte de la langue

Activités de production

CULTURE ET CITOYENNETÉ

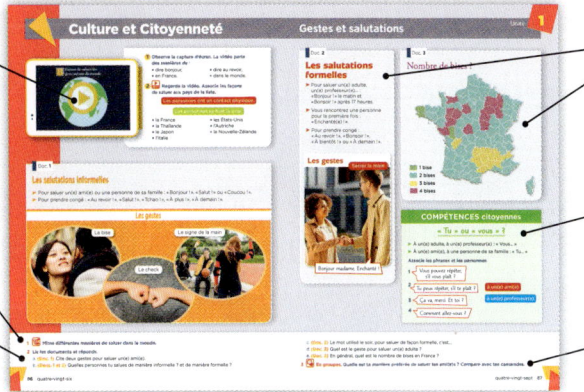

Document vidéo authentique et questions de compréhension

Question interculturelle

Activités de compréhension des documents

Documents variés

Focus sur les compétences citoyennes

Activité de production collaborative

MON COURS DE...

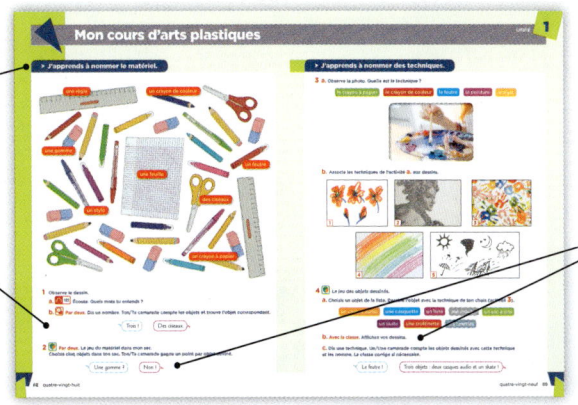

Objectifs de la discipline

Activités interdisciplinaires

Activité de production collaborative

VERS LE DELF A1

Pour s'entraîner à l'épreuve de DELF A1   114-121

PRÉCIS DE GRAMMAIRE

Tous les points de grammaire du livre et des tableaux de conjugaisons   122-128

sept   7

Unité de

Apprends à nommer les objets de la classe

1 a. 🎧 002 Observe et écoute. Répète les mots.

une chaise
une table
un tableau
un crayon
une gomme
un livre
un cahier
un stylo
une trousse

b. 💬 **Par deux.** Montre un objet dans la classe. Ton/Ta camarade nomme l'objet.

Un cahier !

Apprends à comprendre les consignes

2 🎧 003 Observe et écoute. Associe les consignes aux photos.

Écoute. Lis. Observe. Complète. Dis. Associe. Réponds. Regarde. Écris. Répète.

Photo A → Écoute.

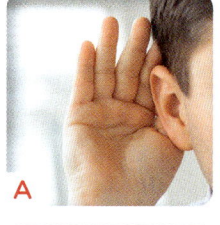
A

B

C

D

E

F

G

H

I

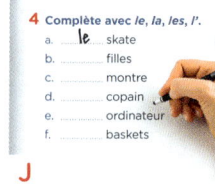
J

découverte

Apprends à épeler

3 a. 🎧 004 Avec la classe. Écoutez et chantez la chanson de l'alphabet.

b. 🎲 Par deux. Le jeu de l'alphabet à l'envers.
Dis l'alphabet à l'envers. Tu fais une erreur ? Ton/Ta camarade dit « stop ». Qui gagne ?

Z, Y, X…

4 a. 🎧 005 Écoute et lis. Répète les prénoms des ados.

1. Maëlys
2. Côme
3. Ève
4. François
5. Zéphir
6. Charlotte

b. 🎧 005 Réécoute et relis. Quel prénom a…
- un e accent aigu (é) ?
- un e accent grave (è) ?
- un e tréma (ë) ?
- un o accent circonflexe (ô) ?
- un c cédille (ç) ?
- deux t (tt) ?

Ex. : *Un e accent aigu (é)* → *Zéphir*

neuf 9

Unité de découverte

5 a. 🎧 006 Écoute et montre les prénoms.

GAËTAN Matthieu Adèle
Mégane Raphaël Maëlle JÉRÔME
Ilyès Hélène Gaspard AÏCHA
Chloé Alexis Inès NOÛR
Félix

b. 💬 Par deux. Choisis et épelle un prénom (activité a). Ton/Ta camarade dit le prénom.

Apprends à dire les couleurs

6 🎧 007 Écoute et répète les couleurs.

blanc rouge bleu jaune vert violet marron
gris noir orange rose

7 a. Observe les macarons. Il manque quelles couleurs ?

b. 💬 Par deux. Montre un macaron (activité a). Ton/Ta camarade dit la couleur.

RENCONTRES

Unité 1

LEÇON 1 Apprenons à saluer et nous présenter pour faire connaissance.

LEÇON 2 Apprenons à nommer et compter des objets pour faire le Top 10 de nos objets préférés.

Ressources +
- Leçon 1 Document 2 en vidéo !
- Culture et Citoyenneté : Gestes et salutations
- Mon cours d'arts plastiques

LEÇON 1 — Je m'appelle Amir !

Document 1 🎧 008

Des amis, Théo, Léa et Amir, sont au skatepark.

1 Observe la photo et lis la phrase d'introduction.
1. Qui sont Théo, Léa et Amir ?
2. Où ils sont ?

> Théo, Léa et Amir sont...

Saluer
Bonjour !
Salut !
Coucou !

2 🎧 008 Écoute.

a. Dans quel ordre tu entends ces expressions ?

- Comment ça va ?
- À demain !
- Très bien, merci !
- Bonjour !

b. 🎧 008 Réécoute et lis la boîte à outils « Prendre congé ». Tu entends quelles expressions ?

Demander / Donner des nouvelles
▶ Ça va ?
▶ Oui, ça va ! Et toi ?
▶ Comment ça va ?
▶ Très bien, merci.

Prendre congé
Au revoir !
Salut !
À demain !
À bientôt !
Tchao !

3 💬 En France, pour se saluer et prendre congé, les ados font des bises (1), un check (2) ou un geste (3). Et toi, comment tu salues tes amis ?

1

2

3

4 💬 Marche dans la classe. Salue tes camarades, demande des nouvelles et prends congé.

> Salut !

> Coucou !

Unité 1

Document vidéo

Document 2

LE BLOG d'AMIR

Accueil • Mes copains • Mes vidéos de skate

Publié le 15/09

Bonjour, amis skateurs ! Bienvenue sur mon blog !
Je m'appelle Amir Benaoui. Mon prénom, c'est Amir, et mon nom, c'est Benaoui. Et voici mon skate !
Je vous présente des amis : un super copain et une super copine ! Voici Théo, avec sa casquette et, avec des lunettes de star, c'est Léa !

5 Lis le blog.

a. Associe.

1. Benaoui   a. un prénom
2. Amir   b. un nom

b.  Et toi, comment tu t'appelles ? Présente-toi comme Amir.

6 Relis.

a. Complète la phrase.
Amir présente ses ... et son ... .

b. Le jeu des prénoms.
Dis le maximum de prénoms de tes camarades en 10 secondes.

> Je m'appelle Claudia et voici Andrea, Tom, Agathe.

c. Quel objet représente chaque ado ?

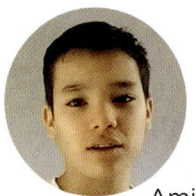  

Amir : un ...   Théo : ...   Léa : ...

Se présenter

Je m'appelle...
Mon prénom, c'est...
Mon nom, c'est...

Le verbe *s'appeler* : p. 21

Présenter quelqu'un

Je vous présente...
Voici...
C'est...

Les articles indéfinis

un skate
une casquette
des lunettes

7 **Faisons connaissance !**

En groupes

a. Présentez-vous.   > Nous nous appelons...

b. Choisissez un objet qui vous représente et présentez vos objets à la classe.   > Voici nos objets : ...

c. La classe associe les objets aux élèves.   > Greta : un livre !

Carte mentale p. 16-17

treize 13

LEÇON 2 — Qu'est-ce que c'est ?

Document 1

1 Lis le site.

a. Choisis.
Le Top 6 présente les objets préférés : 1. des adultes. 2. des adolescents. 3. des Français.

b. Associe les photos aux objets.

1 **d**   2   3
4   5   6

Les articles définis

le ...
le ...
le ...
l' ...
la ...
les ...

c. Complète la boîte à outils « Les articles définis » avec le nom des objets.

2 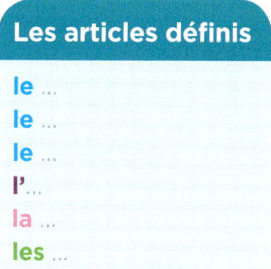 **009** Une adolescente participe au vote. Écoute son classement et complète.

Objet **1** ...   Objet **2** ...   Objet **3** ...

3 💬 **Par deux.** Classe les objets de 1 à 6 et compare avec ton/ta camarade.

> Numéro 1 : ... , numéro 2 : ...

Les nombres

1 un
2 deux
3 trois
4 quatre
5 cinq
6 six
7 sept
8 huit
9 neuf
10 dix

14 quatorze

Unité 1

Document 2

LA PHOTO MYSTÈRE

Qu'est-ce que c'est ?

Un indice : c'est l'objet préféré des ados français !

Les réponses des lecteurs

Noah
Pour moi, ce sont des circuits électroniques d'une console de jeux vidéo.

Alice
C'est une montre connectée !

Loulou
C'est un smartphone.

4 Observe la photo mystère et lis les réponses des lecteurs.

a. Qui propose les objets suivants ?

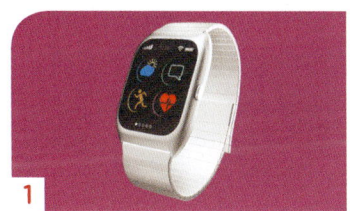
1

2

3

b. À ton avis, la photo mystère, qu'est-ce que c'est ?

Pour moi, la photo mystère c'est…

> *Qu'est-ce que c'est ?*
> **C'est** un/une…
> **Ce sont** des…

5 Par deux. Le jeu de l'objet mystère.

a. Dessinez ou découpez un objet dans un magazine.

b. Présentez une partie de l'objet. — Qu'est-ce que c'est ?

c. La classe devine.

6 **Faisons le Top 10 de nos objets préférés !**

En groupes

a. Listez vos objets préférés.

b. Mettez en commun pour faire le Top 10 de la classe.

Les 10 objets préférés de la classe, ce sont : 1. le…, 2.…

Carte mentale p. 16-17

quinze 15

Lexique et Communication

🎧 010 Saluer
Bonjour (Léa / monsieur / madame) !
Salut !*
Coucou !*

🎧 011 Demander / Donner des nouvelles
(Comment) ça va ?
Tu vas bien ?

▸ Oui, ça va (très bien) ! Et toi ?
▸ Super !

🎧 012 Prendre congé
Au revoir !
Salut !*
À bientôt !
À demain !
Tchao !*

MOI ET

🎧 013 Se présenter
Comment tu t'appelles ?
Comment vous vous appelez ?

▸ Je m'appelle Amir Benaoui. Et toi ?
▸ Moi, c'est Amir.
▸ Mon prénom, c'est Amir.
▸ Mon nom, c'est Benaoui.

🎧 014 Présenter quelqu'un
Je te/vous présente des copains.
Voici Léa. C'est Léa.
Voilà Théo. C'est Théo.

*registre familier

Saluer / Prendre congé

1 🎧 018 Écoute. Lève la pancarte correspondante.

Demander / Donner des nouvelles

2 🎧 019 Écoute. C'est une question ou une réponse ?

3 💬 Observe les photos. Qu'est-ce que tu dis dans ces situations ? (Plusieurs possibilités.)

A

B

Unité 1

🎧 017 Les objets

- un casque audio
- un sac à dos
- une casquette
- un skate
- une console de jeux vidéo
- un smartphone
- un livre
- une trottinette
- une montre
- des baskets *(fém.)*
- un ordinateur portable
- des lunettes *(fém.)*

MES OBJETS

🎧 015 Les personnes

un garçon / une fille
un(e) ado = un(e) adolescent(e)
un copain / une copine
un(e) ami(e)
un(e) adulte

🎧 016 Les nombres de 0 à 10

0	zéro	4	quatre	8	huit
1	un	5	cinq	9	neuf
2	deux	6	six	10	dix
3	trois	7	sept		

Se présenter / Présenter quelqu'un

4 a. Mets les dialogues dans l'ordre.

A

B

1. Bonjour ! Comment vous vous appelez ?
2. Moi, c'est Carla.
3. *Coucou ! Comment tu t'appelles ?*
4. Salut ! Moi, je m'appelle Ninon. Et voici Fanny, une copine. Et toi ?
5. Moi, c'est Léo.
6. Bonjour ! Moi, c'est Maëlle. Et toi ?

b. 🎧 020 Écoute pour vérifier.

Lexique et Communication

5 **a.** Imagine un prénom.
   b. 💬 **Avec la classe.** Marchez dans la classe et présentez-vous.

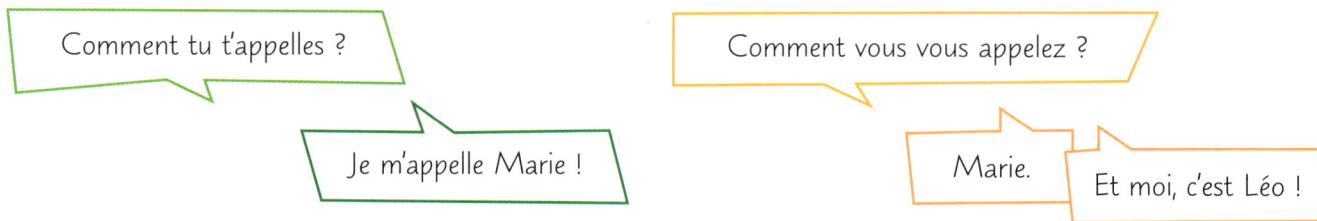

Les nombres de 0 à 10

6 🎧 021 Écoute et écris dans ton cahier les nombres entendus.

7 💬 **Par deux.** Dis un nombre. Ton/Ta camarade l'écrit.

Les objets

8 🎲 **En groupes.** Le jeu du Mémory.
   a. Quel objet te représente ? Dessine-le et écris son nom sur une carte.
   b. Sur une autre carte, écris ton prénom.
   c. Mélangez les cartes faces cachées, et retrouvez l'objet et le prénom correspondant.

Mon objet, c'est un ballon !

9 💬 **En groupes.** Faites une liste d'objets sans fin.

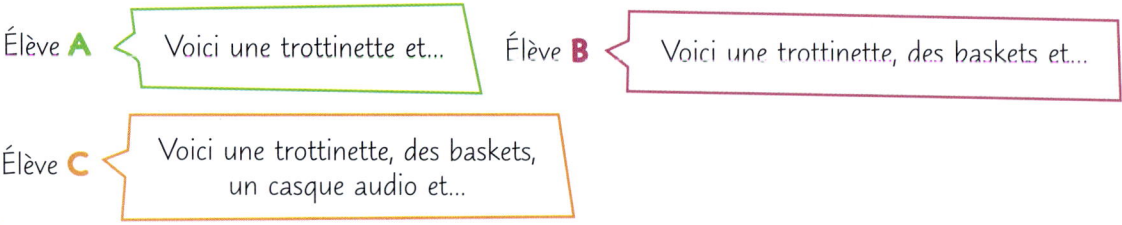

Grammaire et Verbes

Unité 1

Les articles indéfinis

	Masculin	Féminin
Singulier	un skate	une casquette
Pluriel	des skates	des casquettes

1 🎧 022 Écoute et choisis.

J'entends **un**.   J'entends **une**.

2 Associe.

a. un
b. une
c. des

1. copains
2. nom
3. prénom
4. lunettes
5. copine
6. vidéo

Les articles définis

	Masculin	Féminin
Singulier	le casque	la trottinette
	l'adolescent*	l'adolescente*
Pluriel	les casques	les trottinettes

* *l'* + nom singulier qui commence par une voyelle ou un *h* muet.

3 Choisis l'article correct.

a. **le** / **la** casquette
b. **le** / **l'** sac à dos
c. **le** / **les** nom
d. **le** / **l'** ado
e. **les** / **le** baskets
f. **la** / **le** copine

4 Complète avec *le, la, les* ou *l'*.

a. ... skate
b. ... filles
c. ... montre
d. ... copain
e. ... ordinateur
f. ... baskets

PRONONCIATION — Le / Les

🎧 023 Écoute.
le casque – **les** casques

5 a. 🎧 024 Écoute et choisis.

J'entends **le**.   J'entends **les**.

b. 🎧 024 Réécoute et répète.

6 💬 Par deux. Dis des mots à ton/ta camarade. Il/Elle donne les articles correspondants.

sac(s) à dos   →   le sac à dos / les sacs à dos

PRONONCIATION — La liaison avec *les* et *des*

les / *des* + voyelle ou *h* muet : *s* se prononce [z]. C'est la liaison.

🎧 025 Écoute et répète.
les objets – **des** ados

7 a. Lis et recopie les mots dans ton cahier. Ajoute les liaisons. (‿)

des copains • les ordinateurs • des baskets • les amis • des objets • les adultes

b. 🎧 026 Écoute pour vérifier.

8 💬 Par deux. Dis un article à ton/ta camarade. Il/Elle associe avec le maximum de mots de la liste.

un • le • une • la • l' • des • les

objets • skate • console • copines • sac à dos • ado • noms • ordinateur • personne • adultes

le   →   le skate, le...

dix-neuf 19

Grammaire et Verbes

Le pluriel des noms

Règle générale :
nom singulier + **-s** = **pluriel**

le casque – **les** casque**s***
une casquette – **des** casquette**s***

* Le **-s** final ne se prononce pas.

9 Transforme les mots au singulier ou au pluriel.

Ex. : *la copine* → *les copines*

a. des copines
b. les ordinateurs
c. un ordinateur
d. le prénom
e. des prénoms
f. l'adolescent
g. une adolescente
h. la trottinette

10 Par deux. Dis un mot à ton/ta camarade. Il/Elle donne le singulier ou le pluriel du mot.

Qu'est-ce que c'est ? – C'est / Ce sont

Qu'est-ce que c'est ? / C'est quoi ?
C'est + nom singulier
Ce sont + nom pluriel

Singulier	**C'est un** casque. **C'est le** casque de Léa. **C'est une** montre. **C'est la** montre de Léa.
Pluriel	**Ce sont des** lunettes. **Ce sont les** lunettes de Léa.

11 Mets les mots dans l'ordre. Retrouve deux questions et deux réponses.

Ce | ce | C'est | C'est | c'est
ordinateur | que | Qu'est- | quoi
un | des | sont | smartphones

12 Associe.

a. C'est
b. Ce sont

1. une
2. les
3. des
4. l'
5. un

A. sac à dos.
B. vidéo.
C. ordinateur d'Amir.
D. objets.
E. objets préférés des ados.

13 Observe. Qu'est-ce que c'est ?

A

B

C'est …

C

D

E

F

Les pronoms personnels sujets et le verbe *s'appeler*

14 🎧 027 **Écoute et répète.**

Je m'appe**lle**
Tu t'appe**lles**
Il s'appe**lle** / **Elle** s'appe**lle**
Nous nous appe**lons**
Vous vous appe**lez**
Ils s'appe**llent** / **Elles** s'appe**llent**

❗ En français, les pronoms personnels sujets sont toujours exprimés.
Je m'appelle Mouna.

15 **Associe.**

a. Moi
b. Mon copain **Léo** et moi
c. Mon copain **Léo**
d. Toi
e. **Éva** et toi
f. **Éva**
g. **Léo** et **Tom**
h. **Éva** et **Iris**

1. Il
2. Elles
3. Je
4. Elle
5. Nous
6. Ils
7. Tu
8. Vous

16  **En groupes. Nomme une ou des personnes de la classe. Tes camarades disent le pronom personnel correspondant.**

> Alexia et moi

> Vous

17 **Associe.**

a. Elles s'
b. Il s'
c. Tu t'
d. Nous nous
e. Je m'
f. Ils s'
g. Elle s'
h. Vous vous

1. appelons
2. appelle
3. appellent
4. appelez
5. appelles

18 **Complète avec le verbe *s'appeler*.**

> Je m'appelle Théa.

Théa

> Nous ...

Élia   Floriane

A

Louise

> Elle ...

B

> Comment ... ?

C

Évaluation

Compréhension de l'oral

1 a. 🎧 028 Écoute. Associe. .../5

- Dialogue 1
- Dialogue 2
- Dialogue 3

a. Ils se saluent.
b. Ils prennent congé.
c. Ils demandent des nouvelles.
d. Ils se présentent.
e. Ils présentent quelqu'un.

Production orale

b. 💬 **Par trois.** Tu présentes un copain / une copine à un(e) camarade de classe. Jouez le dialogue. .../5

Compréhension de l'écrit

2 a. 📖 Lis la page web du collège Louis-Aragon. Écris dans ton cahier le nombre d'objets trouvés. .../5

Collège Louis Aragon | Accueil | Actualités | **La vie au collège** | Espace élèves

Voici la liste des objets trouvés au collège.
Cliquer **ici** pour voir les objets.

| Huit montres | Sept casquettes | Cinq casques audio | Deux skates |
| Quatre sacs à dos | Six smartphones | Neuf livres | Trois trottinettes |

A   B   C   D   E   F

Ex. : A : *2*

Production écrite

b. ✏️ Tu écris un message sur le forum de la page web du collège. Tu te présentes et tu parles de tes objets préférés. (15 mots) .../5

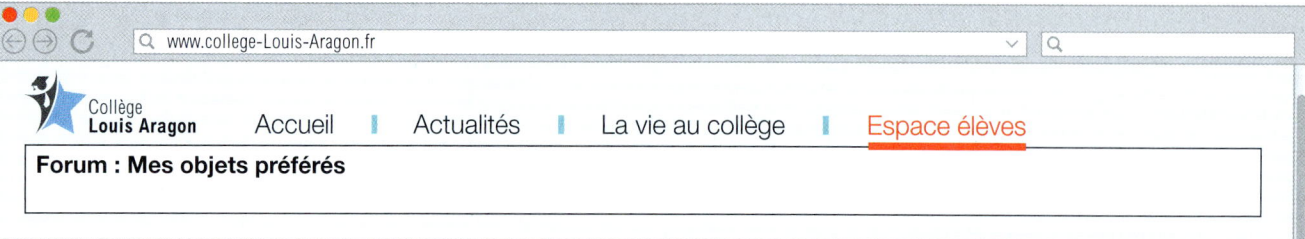

Collège Louis Aragon | Accueil | Actualités | La vie au collège | **Espace élèves**

Forum : Mes objets préférés

ORIGINES

Unité 2

LEÇON 3 Apprenons à parler de nos origines pour créer le drapeau de la classe.

LEÇON 4 Apprenons à présenter et décrire notre famille pour organiser un concours « Selfie de famille ».

Ressources +

- Culture et Citoyenneté : Noms, familles et origines
- Mon cours de géographie

LEÇON 3 — Les drapeaux de la classe

Document 1 🎧 029

C'est la Journée de la diversité culturelle. Des élèves présentent des drapeaux de différents pays.

1 Observe la photo et lis la phrase d'introduction. Choisis.

a. Qui sont les personnes ? (Plusieurs possibilités.)
1. des amis   2. des élèves   3. des adolescents

b. Qu'est-ce qu'elles présentent ?
1. des drapeaux   2. des photos   3. des personnes

c. À ton avis, la diversité culturelle, c'est :

1.   2.   3.

2 🎧 029 Écoute. Associe chaque adolescent(e) à un pays.

Tom   Laurina   Achille

Tom : le Japon !

Les noms de pays
le Japon
la Belgique
l'Allemagne
les États-Unis

3 a. 🎧 029 Réécoute et observe. Ce sont les couleurs des drapeaux de quels pays ?

Rouge et blanc : c'est le drapeau… !

La préposition *de* + article
le drapeau **du** Japon
de la Belgique
de l'Allemagne
des États-Unis

b. 🎲 Le jeu des drapeaux.
En groupes. Dessine un drapeau. Tes camarades devinent le pays.

24 vingt-quatre

Unité 2

Document 2 🎧 030

4 Observe le site du collège Émile Zola.

a. Qu'est-ce qu'il présente ?

b. 🎧 030 Écoute et choisis. Les élèves parlent de :
1. leurs origines.
2. la nationalité de leurs amis.
3. la nationalité de leur famille.

5 🎧 030 Réécoute et réponds.

a. Les élèves parlent de quels membres de leur famille ?

Lina Thibault Liang Achille Selma

> Lina parle de sa mère.

b. Qui est français ? marocaine ? chinois ? belge ? allemand ? turc ?

> Les parents de Thibault sont français.

6 En groupes. Quelles sont vos origines ? Comptez les nationalités dans le groupe.

> Je suis espagnole et mon père est marocain.

7 ✏️💬 **Créons le drapeau de la classe !**

En groupes

a. Listez les nationalités du groupe (activité 6).

b. Dessinez le drapeau du groupe.

c. Présentez votre drapeau à la classe.

d. Collez les drapeaux pour former le drapeau de la classe.

> Le bleu, le blanc et le rouge, c'est pour la grand-mère de Julia. Elle est française.

Les adjectifs possessifs

mon / ton / son père
ma / ta / sa mère
mes / tes / ses parents

La famille

les parents
la mère (**d'**Achille)
le père (**d'**Achille)

les grands-parents
la grand-mère (**de** Selma)
le grand-père (**de** Selma)

Dire la nationalité

Je suis...	Je suis...
belge	belge
allemand	allemande
chinois	chinoise
français	française
marocain	marocaine
turc	turque

Le verbe *être* : p. 33

Carte mentale
p. 28-29

vingt-cinq 25

LEÇON 4 — Famille, familles

Document 1

Reportage : Familles

" Trois ados, trois familles ! "

**Petite famille ? Grande famille ?
Famille multiculturelle ?
Comment est leur famille ?**

Gabriel a onze ans. Il est fils unique.

Enzo, treize ans, et sa sœur Alice, dix-sept ans, sont franco-italiens. Leurs parents ont des nationalités différentes : leur père est français et leur mère est italienne.

La famille d'Inès est super grande : son père et sa mère, ses quatre frères et sœurs (deux garçons et deux filles) et ses trois grands-parents. Elle a aussi neuf oncles et tantes, et vingt cousins et cousines !

Et vous, comment est votre famille ? Postez vos témoignages sur notre site.

---

1 Lis le titre et l'introduction du reportage. Quel est le sujet ? Choisis.

1. les différents types de famille
2. les familles de différents pays
3. les copains et la famille

2 Lis le reportage.

a. Associe.

- Gabriel
- Enzo
- Inès

1. une famille multiculturelle
2. une grande famille
3. une petite famille

b. Vrai ou faux ? Justifie.
1. Gabriel a une sœur.
2. Enzo a un frère.
3. Les parents d'Inès ont cinq enfants.

c. Réponds.
1. Dans la famille d'Enzo et Alice, quelles personnes ont une nationalité différente ?
2. Qui sont les autres membres de la famille d'Inès et de ses frères et sœurs ?

3 a. Relis et réponds.
1. Qui a 11 ans ?
2. Qui a 13 ans ?
3. Qui a 17 ans ?

b. 💬 Par deux. Et toi, tu as quel âge ? Interroge ton/ta camarade.

> J'ai onze ans. Et toi, tu as quel âge ?

> Moi (aussi), j'ai… !

La famille
les enfants
le fils / la fille
le frère / la sœur
l'oncle / la tante
le cousin / la cousine

Le verbe *avoir* : p. 33

Les adjectifs possessifs
notre / votre / leur père
notre / votre / leur mère
nos / vos / leurs parents

Les nombres
11	onze	16	seize
12	douze	17	dix-sept
13	treize	18	dix-huit
14	quatorze	19	dix-neuf
15	quinze	20	vingt

Dire l'âge
Tu as quel âge ?
▶ J'ai 11 ans.

Unité 2

Document 2
Dossier : Familles

Concours photo
Selfie de famille
Les gagnants

Mamie Trottinette
Qui est-ce ?
C'est ma grand-mère ! Elle s'appelle Marie mais, pour moi, c'est « Mamie Trottinette ». Elle a 69 ans. Elle est originale et dynamique ! (Julie)

Maxence
Qui est-ce ?
C'est mon grand frère adoré ! Il est beau, il est sympa. Il a 22 ans. Il est génial ! (Anaïs)

Les jumelles
Qui est-ce ?
Ce sont mes petites cousines, Éliette et Lorie. Elles ont 6 ans. Elles sont drôles. Et elles sont belles, non ? (Loïc)

4 Observe la page de magazine. Quel est le thème du concours ?

5 Lis les légendes des photos.
  a. Vrai ou faux ? Justifie.
  1. Marie est la grand-mère de Julie.
  2. Maxence est le cousin d'Anaïs.
  3. Éliette et Lorie sont les sœurs de Loïc.

  b. Lis les descriptions. Qui est-ce ?
  1. Elles sont drôles.
  2. Elle est dynamique.
  3. Il est beau.

  C'est...
  Ce sont...

  c. Choisis l'âge correct.
  1. Marie a quarante-neuf / cinquante-neuf / soixante-neuf ans.
  2. Maxence a vingt et un / vingt-deux / vingt-trois ans.

6 **Par deux.** Relis et interroge ton/ta camarade.
génial   originale   sympa   belles

Il est génial. Qui est-ce ?   *C'est... !*

Présenter et décrire quelqu'un

Qui est-ce ?
▶ **C'est** Marie.
▶ **C'est** mon frère.
▶ **Ce sont** mes cousines.

Comment il/elle est ?
Comment ils/elles sont ?
▶ **Il est** beau.
▶ **Elles sont** belles.

Les nombres
21 vingt et un
22 vingt-deux
30 trente
40 quarante
50 cinquante
60 soixante
69 soixante-neuf

7 **Organisons un concours « Selfie de famille »!**
  a. Apporte un selfie de toi avec une ou des personnes de ta famille ou la photo d'une famille dans un magazine.
  b. Écris une légende.
  c. Présente la ou les personnes.
  d. Affichez les selfies et votez pour les trois selfies les plus originaux.

C'est ma petite sœur. Elle est géniale !

Carte mentale p. 28-29

Lexique et Communication

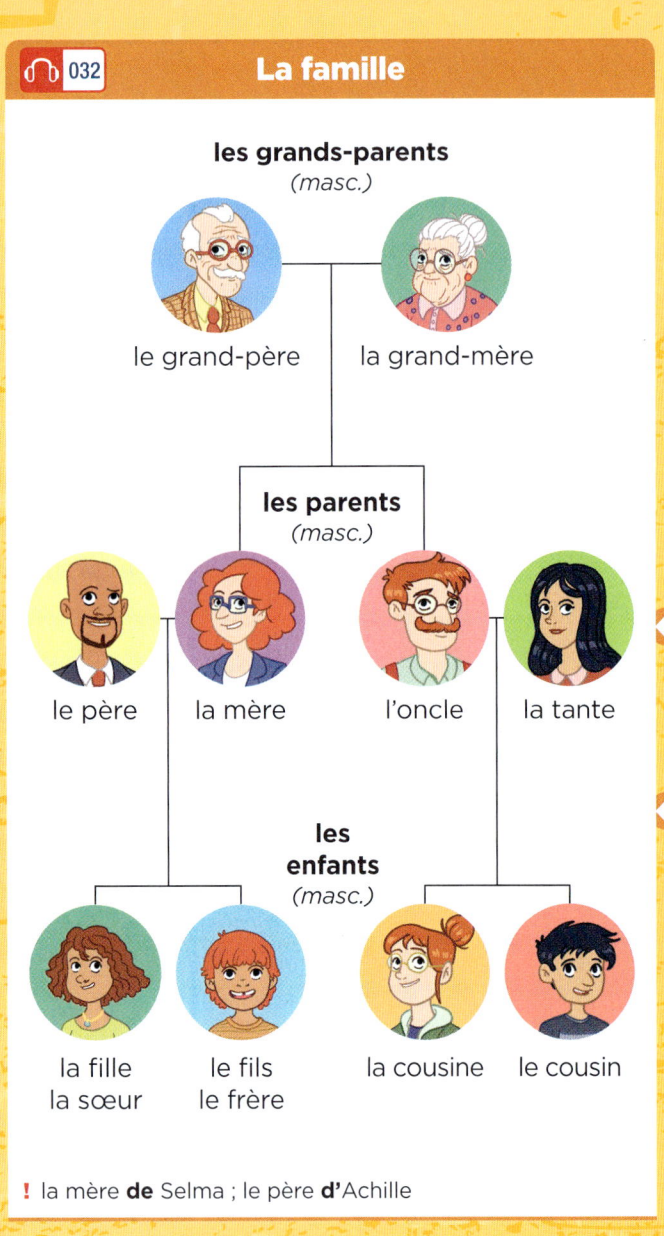

🎧 032 **La famille**

les grands-parents *(masc.)*
- le grand-père
- la grand-mère

les parents *(masc.)*
- le père
- la mère
- l'oncle
- la tante

les enfants *(masc.)*
- la fille / la sœur
- le fils / le frère
- la cousine
- le cousin

! la mère **de** Selma ; le père **d'**Achille

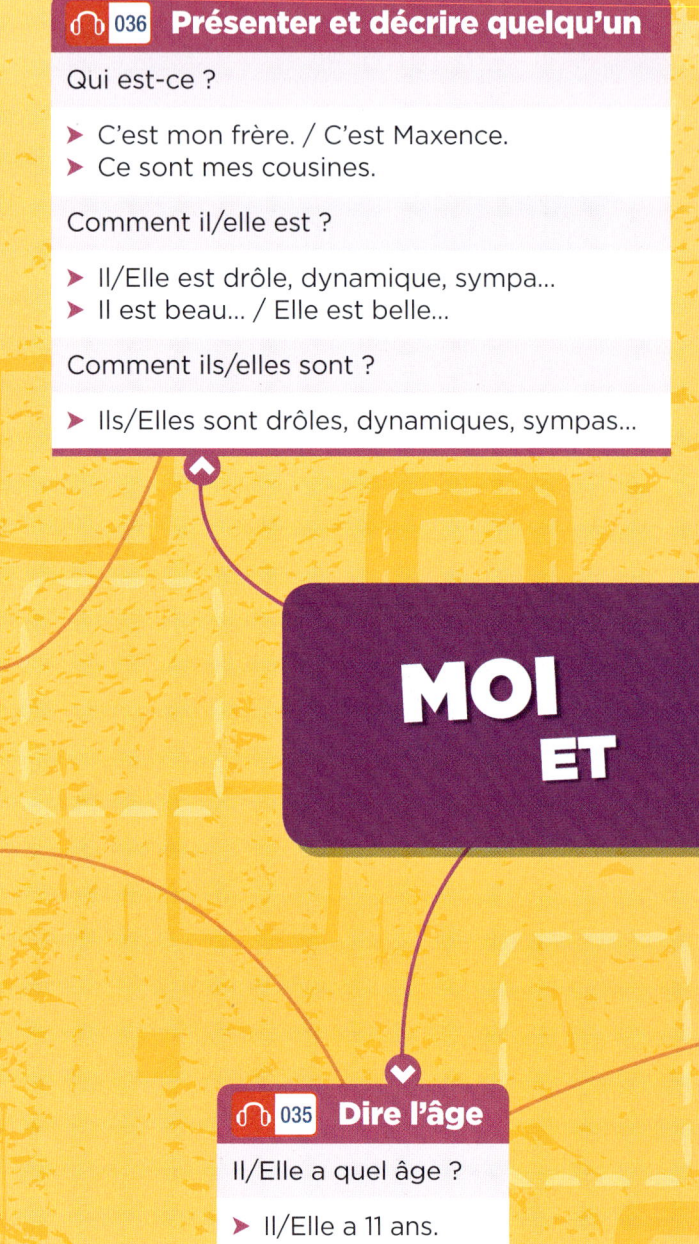

🎧 036 **Présenter et décrire quelqu'un**

Qui est-ce ?
- ▶ C'est mon frère. / C'est Maxence.
- ▶ Ce sont mes cousines.

Comment il/elle est ?
- ▶ Il/Elle est drôle, dynamique, sympa…
- ▶ Il est beau… / Elle est belle…

Comment ils/elles sont ?
- ▶ Ils/Elles sont drôles, dynamiques, sympas…

MOI ET

🎧 035 **Dire l'âge**

Il/Elle a quel âge ?
- ▶ Il/Elle a 11 ans.

Les noms de pays

1 Par deux. Mémorisez les noms de pays de la carte mentale pendant trois minutes. Fermez votre livre et écrivez le maximum de noms avec l'article. Comparez avec les autres groupes.

La famille

2 Par deux. Observe l'arbre généalogique. Fais deviner des membres de la famille à ton/ta camarade.

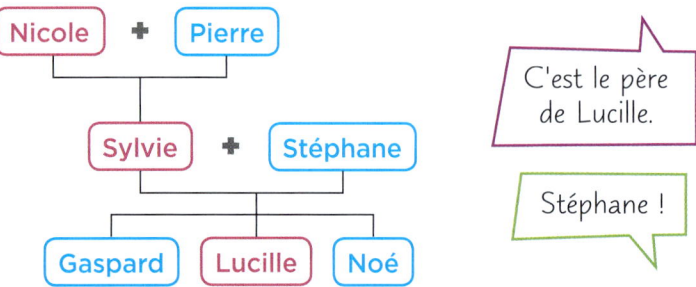

— C'est le père de Lucille.
— Stéphane !

Unité 2

Les noms de pays 🎧 031

- l'Allemagne
- la Chine
- la Grèce
- le Maroc
- l'Australie
- l'Espagne
- l'Italie
- le Mexique
- la Belgique
- les États-Unis
- le Japon
- les Pays-Bas
- le Brésil
- la France
- le Liban
- la Turquie

! En général, les noms de pays qui se terminent par un -e sont féminins : la Belgique

MES ORIGINES

Dire la nationalité 🎧 033

Il/Elle est de quelle nationalité / origine ?
Quelle est sa nationalité ?

▶ Il/Elle est belge, allemand(e), français(e)...
▶ Il/Elle est d'origine turque...

Les nombres de 11 à 69 🎧 034

11	onze	17	dix-sept	30	trente
12	douze	18	dix-huit	31	trente et un...
13	treize	19	dix-neuf	40	quarante...
14	quatorze	20	vingt	50	cinquante...
15	quinze	21	vingt et un	60	soixante...
16	seize	22	vingt-deux...	69	soixante-neuf

3 En groupes. Le jeu des devinettes.

a. Lisez les devinettes et trouvez la réponse le plus rapidement possible.

1. Le père de mon cousin, c'est mon...
2. La sœur de ma mère, c'est ma...
3. Le père de mon père, c'est mon...
4. Le fils et la fille de mes parents, ce sont leurs...
5. La fille de mon oncle et ma tante, c'est ma...
6. Le père et la mère de ma mère, ce sont mes...

b. Imaginez d'autres devinettes.

Lexique et Communication

Dire la nationalité

4 🎧 037 Écoute les dialogues et associe. Attention, il y a des intrus !

Les nombres de 11 à 69

5 💬 **Par deux.** Dis un nombre entre 11 et 20. Ton/Ta camarade l'écrit.

6 🎲 **En groupes.** Le jeu des nombres.
   a. **Utilisez deux dés : un pour les dizaines et un pour les unités.**
   b. **Lance les dés et dis le nombre obtenu.**

Dire l'âge

7 🎧 038 Écoute. Quel âge ils ont ? Complète.

   Ex. : *Élie a 15 ans*
   a. Léonie ... .
   b. Lila et Ambroise ... .
   c. Adrien ... .
   d. Jeanne ... .

Présenter et décrire quelqu'un

8 💬 **Par deux.** Dis le prénom d'un(e) ami(e) ou d'une personne de ta famille. Ton/Ta camarade pose des questions. Tu réponds.

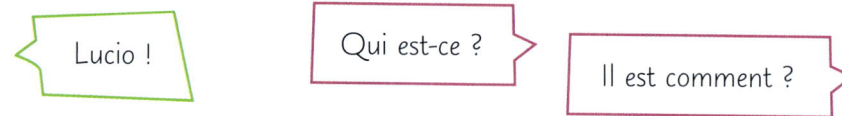

Grammaire et Verbes

Unité 2

La préposition *de* + article

de + *le* → *du*
de + *les* → *des*

	Masculin	Féminin
Singulier	le drapeau **du** Japon	le drapeau **de la** Belgique
	le drapeau **de l'**Allemagne*	
Pluriel	le drapeau **des** États-Unis	

* *de l'* + nom singulier commençant par une voyelle ou un *h* muet.

Les adjectifs possessifs

Singulier		Pluriel
Masculin	Féminin	Masculin / Féminin
mon père	**ma** mère	**mes** parents
ton père	**ta** mère	**tes** parents
son père	**sa** mère	**ses** parents
notre père	**notre** mère	**nos** parents
votre père	**votre** mère	**vos** parents
leur père	**leur** mère	**leurs** parents

1 Associe.

a. Le drapeau du
b. C'est le pays d'origine de la
c. Les origines des
d. Ce sont les couleurs du
e. Le drapeau de l'

1. élèves de la classe sont différentes.
2. Brésil est vert et jaune.
3. drapeau français.
4. Italie est vert, blanc et rouge.
5. famille d'Enzo.

3 Choisis l'option correcte.

a. Lina, c'est **ton** / **ta** / **son** famille sur la photo ?
b. **Tes** / **Son** / **Ton** parents sont français, Yumiko ?
c. **Ta** / **Ton** / **Tes** pays d'origine, c'est la France ?
d. Dans **ma** / **mon** / **son** classe, j'ai des amis français.
e. C'est le drapeau de **ton** / **ta** / **sa** pays ?

2 Par deux. Le jeu des combinaisons. Vous avez cinq minutes pour trouver le maximum de combinaisons avec les mots suivants. Comparez avec les autres groupes.

- drapeau
- âge
- pays
- couleurs

- Belgique
- copain de Thibault
- Allemagne
- amis de Louise
- famille d'Arthur
- États-Unis
- élèves de la classe

Le drapeau de la Belgique !

4 Par deux. Lis une étiquette. Ton/Ta camarade transforme comme dans l'exemple.

La mère de Chloé — Sa mère !

- Les parents de Lucille et Camille
- Les cousines de Marie et toi
- Le frère de Maïa
- La grand-mère d'Antoine et Grégoire
- Les sœurs de Clémentine
- L'oncle de Julie et moi

Grammaire et Verbes

Les adjectifs de nationalité

Singulier	
Masculin	Féminin
allemand	allemand**e**
marocain	marocain**e**
chinois	chinois**e**
japonais	japonais**e**
espagnol	espagnol**e**
brésilien	brésilien**ne**
belge	belge
tur**c**	tur**que**
gre**c**	gre**cque**

! Au **pluriel**, les adjectifs de nationalité prennent un **-s**.
Il est espagnol. → Ils sont espagnol**s**.
Elle est espagnole. → Elles sont espagnol**es**.

! Il est français. → Ils sont français.

5 🎧 039 Écoute et complète avec l'adjectif de nationalité correspondant.

Je suis ... .
A

Je suis ... .
B

Nous sommes ... .
C

Je suis ... .
D

Nous sommes ... .
E

6 💬 Dis des adjectifs de nationalité masculins à ton/ta camarade. Il/Elle donne le féminin.

italien → italienne

7 🎧 040 Écoute. Lève la ou les pancartes correspondantes.

belge / masculin / féminin

L'accord des adjectifs

Singulier	
masculin + **e** → **féminin**	
grand, original	grand**e**, original**e**
masculin = **féminin**	
drôle, sympa, dynamique	

! beau / belle

Pluriel	
masculin + **s** → **pluriel**	**féminin** + **s** → **pluriel**
grand**s**	grand**es**, original**es**, bell**es**
drôle**s**, sympa**s**, dynamique**s**	

! beaux, originaux

8 🎧 041 Écoute et choisis l'adjectif que tu entends. (Plusieurs réponses possibles.)
a. petit – petite
b. génial – géniale
c. drôle – drôles
d. dynamiques – dynamique
e. beau – belle

9 💬 En groupes. Chacun(e) votre tour, choisissez un membre de la famille et un adjectif. Accordez les adjectifs.

mon cousin • tes sœurs • son frère •
tes parents • ta mère • sa copine

grand • beau • drôle • sympa • original • petit

Tes sœurs sont originales !

C'est et Ce sont
Il/Elle est et Ils/Elles sont

C'est et *Ce sont* + nom ou prénom
→ pour **identifier**

C'est Maxence. / **C'est** mon frère.
Ce sont Éliette et Lorie. / **Ce sont** mes cousines.

Il/Elle est et *Ils/Elles sont* + adjectif
→ pour **décrire**

Il est beau. / **Elles sont** belles.

! En langage familier (à l'oral), on utilise *C'est* + nom pluriel. → *C'est Julie et Théo.* / *C'est des copains.*

10 Fais des phrases avec *c'est, ce sont, il est, elle est, ils sont* ou *elles sont*.

Ex. : *mon frère / sympa*
→ *C'est mon frère. Il est sympa.*

a. Chryssa et Dinos / grecs
b. Alexia / une super copine
c. mes grands-parents / d'origine allemande
d. mon cousin / génial et drôle
e. Léonie et sa sœur / des amies belges

Le verbe *être*

11 042 Écoute et répète.

Je suis	Nous sommes
Tu es	Vous êtes
Il/Elle est	Ils/Elles sont

12 Par deux. Le jeu de la conjugaison.
Dis un pronom personnel à ton/ta camarade.
Il/Elle fait une phrase avec le verbe *être*.

Le verbe *avoir*

13 043 Écoute et répète.

J'ai	Nous avons
Tu as	Vous avez
Il/Elle a	Ils/Elles ont

! *je* + consonne → *j'* + voyelle ou *h* muet

14 Par deux. Le jeu de la conjugaison.
Jouez avec le verbe *avoir*, comme dans l'activité 12.

Tu !   Tu as un frère.

15 Choisis la forme verbale correcte.

a. Tu **as** / **es** quel âge ?
b. Nous **avons** / **sommes** cousins !
c. Vous **êtes** / **avez** un frère et une sœur ?
d. Elles **ont** / **sont** d'origine espagnole ?
e. Mon père **est** / **a** grec.
f. Grégoire **a** / **est** mon petit frère.

PRONONCIATION — Les consonnes finales muettes

En français, les consonnes finales des formes verbales sont muettes (= pas prononcées).

16 044 Écoute et répète.
Je suis – Elles sont – Nous avons

17 a. Prononce les formes verbales suivantes.
suis • as • ont • sommes • êtes • est • avez • es

b. 045 Écoute pour vérifier.

PRONONCIATION — La liaison

nous, vous, ils, elles + voyelle ou *h* muet → *s* se prononce [z].

18 046 Écoute et répète.
vous êtes – nous avons

19 a. Lis les mots. Fais la liaison (‿) si nécessaire.
je suis • tu es • nous sommes • ils sont • elles ont • vous avez

b. 047 Écoute pour vérifier.

Unité **2**

Évaluation

Compréhension de l'oral

1 a. 🎧 048 **Écoute le dialogue. Choisis. (Plusieurs possibilités.)**   .../5

1. Lucas montre des photos :
   du Maroc. • de Turquie.
   de son cousin. • de sa cousine. • de sa sœur. • de son oncle. • de son père.
2. L'oncle de Lucas :
   est génial. • est beau. • a 19 ans. • est marocain. • est sympa.

Production orale

b. 💬 **Par deux. Dessine des membres de ta famille. Ton/Ta camarade devine qui sont les personnes. Réponds et décris les personnes.**   .../5

— C'est ton père ?
— Non, c'est mon oncle. Il est drôle, il a 35 ans...

Compréhension de l'écrit

2 a. 📖 **Lis l'article. Vrai ou faux ? Justifie.**   .../5

1. Les parents de Coco ont des nationalités différentes.
2. Coco a une nationalité.
3. Dans la famille de Kélio, ils sont français.
4. La famille de Gaby est multiculturelle.
5. La mère de Gaby est d'origine grecque.

www.nos-origines.fr

Tes parents sont d'origines différentes ?
Écris ton témoignage.

Maman — Papa

 **Coco** 11 avril 2020 à 17 h 41
Mon père est marocain et français, ma mère est espagnole. Et moi, j'ai trois nationalités !

 Kélio 11 avril 2020 à 10 h 02
Nous avons une culture dans ma famille. Mes grands-parents, mes parents, mon frère et moi… nous sommes tous français.

 Gaby 10 avril 2020 à 16 h 23
Nous avons deux cultures : grecque et française. La Grèce, c'est le pays d'origine de mon père.

Production écrite

b. ✏️ **Tu écris un témoignage sur ta famille. Réponds à la question : « Tes parents sont d'origines différentes ? » (40 mots)**   .../5

LOISIRS

Unité 3

LEÇON 5 — Apprenons à parler de nos goûts et de nos activités pour organiser une semaine « Loisirs au collège ».

LEÇON 6 — Apprenons à échanger sur notre pratique sportive pour réaliser une interview.

Ressources +

- Leçon 6 Document 1 en vidéo !
- Culture et Citoyenneté : Le sport, loisir préféré des ados français
- Mon cours d'EPS

LEÇON 5 En direct du festival

1 Lis le prospectus. Choisis. (Plusieurs réponses possibles.)

a. Qui propose les activités de loisirs ?
- un collège
- une ville

b. À qui ?
- à des parents
- à des enfants

c. Quand ?
- le vendredi et le week-end
- le vendredi matin
- le jeudi après-midi
- le dimanche soir

Les jours de la semaine
lundi • mardi • mercredi • jeudi • vendredi • samedi • dimanche

le week-end

Les moments de la journée
 le matin

 l'après-midi
(fém. et masc.)

 le soir

2 Associe les dessins du prospectus aux activités de loisirs.

> Le dessin numéro 1, c'est la musique.

Les activités de loisirs
le baby-foot
le cirque
la cuisine
le dessin
la magie
les jeux vidéo
les jeux de société
la lecture (lire)
la musique
la poterie

3 🎲 **En groupes. Le jeu du mime.**
Mime une activité du prospectus. Tes camarades devinent.
Ils/Elles disent le jour et le moment de la journée correspondants.

> La musique !
> C'est le dimanche matin !

36 trente-six

Unité 3

Document 2 🎧 049

Au festival Loisirs en famille.
Une journaliste pose des questions à Amya et Éliot, deux jeunes participants.

Amya

Éliot

4 Observe les photos et lis la phrase d'introduction.
1. Qui parle ?
2. Où sont les personnes ?

5 a. 🎧 049 Écoute. De quoi elles parlent ?

b. Complète.

Amya aime : *le cirque*, … , … , … . Elle n'aime pas : … .

Éliot aime : … , … . Il n'aime pas : … .

c. 💬 **En groupes. Quelle activité du prospectus (doc. 1) tu n'aimes pas ? Interroge tes camarades.**

> Je n'aime pas les jeux vidéo. Et toi ?

> Moi, je n'aime pas le cirque.

6 a. 🎧 049 Réécoute. À l'aide des mots suivants, retrouve les deux questions posées.

aimez ? • est • jeux • Quelle • préférée ? • Quels • ton activité • vous

b. 💬 **En groupes. Posez-vous des questions sur vos activités préférées. Présentez-les à la classe.**

> Tu aimes… ? Quel est… ?

> Dans mon groupe, nous aimons / n'aimons pas…

Parler de ses goûts

😊😊 J'adore
😊 J'aime (bien)   } le cirque.
☹️ Je n'aime pas   dessiner.
☹️☹️ Je déteste   ça.

Les verbes en *-er* : p. 45

La négation *ne… pas*

J'aime ça.
Je **n'**aime **pas** ça.

La question avec *quel*

Quel jeu ?   **Quelle** activité ?
Quels jeux ?   **Quelles** activités ?

7 ✏️💬 **Organisons une semaine « Loisirs au collège » !**

Carte mentale p. 40-41

En groupes
a. Choisissez les activités, les jours et les moments de la journée.
b. Créez votre programme et présentez-le à la classe.
c. Affichez les programmes. La classe vote pour le meilleur.

> Le mardi matin, nous avons atelier magie.

trente-sept 37

LEÇON 6 Le sport, c'est important ?

1 Observe le site. Quelle est la question posée dans le podcast ?

2 a. 🎧 050 Écoute le podcast et relève les trois réponses. Aide-toi des mots suivants.

b. 🎧 050 Réécoute et observe les dessins. Quels sports fait le personnage ?

 1.  2.  3.

c. Quels sports font les personnes ? Aide-toi des boîtes à outils.

Ex. : Il/Elle fait du vélo.   1.   2.   3.

 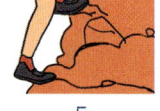 

4.   5.   6.

3 💬 Dans la classe, qui fait le même sport que toi ? Expliquez pourquoi vous faites ce sport.

> Pia, Ugo et moi, nous faisons du basket parce que nous adorons les sports d'équipe.

Pourquoi ? / Parce que
Pourquoi c'est important de… ?
Parce que c'est bon pour…

Les sports
la danse (danser)
l'escalade
le foot
le jogging (courir)
la marche (marcher)
la pétanque
la randonnée
le rugby
le ski
le vélo

Faire de et jouer à + article
Faire **du** sport.
     de la randonnée.
     de l'exercice.
Jouer **au** foot.
     à la pétanque.

Le verbe *faire* : p. 45

Unité 3

Document 2

www.actus-en-direct.com

ACTUS EN DIRECT | L'ADO DU MOIS | LES VIDÉOS | LES PODCASTS | LES ACTUS

- Sport
- Culture
- Loisirs
- France
- Monde

ÉLINA, 12 ANS, CHAMPIONNE DE FRANCE

Actus en direct : Élina, tu es championne de France catégorie collège. Qu'est-ce que tu fais comme sport ?
Élina : Je fais de l'ultimate.
Aed : Est-ce que c'est un sport difficile ?
Élina : Non, mais les compétitions sont stressantes !
Aed : Qu'est-ce que tu aimes dans l'ultimate ?
Élina : J'adore mon équipe ! J'ai des super copains et copines !
Aed : Est-ce que tu fais du sport tous les jours ?
Élina : Oui, j'ai des entraînements le jeudi soir et des compétitions tous les week-ends. Et je fais aussi de la musculation tous les matins.
Aed : Et tu fais de l'eSport ?
Élina : Non, je ne fais pas d'eSport parce que j'aime bouger. Les eSportifs ne font pas d'activité physique. Pour moi, ils ne font pas de sport !

4 a. Observe la photo. À ton avis, quel sport pratique Élina ?

b. Lis l'interview et associe.

1. Élina fait
2. Élina ne fait pas
3. Les eSportifs ne font pas

a. d'
b. de la
c. de l'
d. du
e. de

A. musculation.
B. eSport.
C. ultimate.
D. sport.
E. activité physique.

> **La négation *ne... pas de***
> Tu fais du... / de la ... / de l'... ?
> ▶ Non, je **ne** fais **pas de**... .

c. Relis. À quelle fréquence est-ce qu'Élina a...
- des entraînements ?
- des compétitions ?

> **Exprimer la fréquence**
> **Tous les** jours
> **Tous les** matins = **le** matin
> **Tous les** jeudis soir = **le** jeudi soir

5 Par deux. Le jeu du « Vrai/Faux ».
   a. Choisis un sport et imagine à quelle fréquence ton/ta camarade fait ce sport.
   b. Il/Elle corrige si c'est faux.

6 Lis les réponses d'Élina et retrouve les questions du journaliste dans l'interview.
1. Non.   2. J'adore mon équipe !   3. Je fais de l'ultimate.

> ***Est-ce que... ? / Qu'est-ce que... ?***
> **(Est-ce que)** tu fais... ?
> ▶ Oui. / Non.
> **Qu'est-ce que** tu aimes ?
> ▶ J'adore...

7 Réalisons une interview !
Par deux.
   a. Pose des questions sur le sport à ton/ta camarade.
   b. Écris ses réponses et ajoute des photos des sports pratiqués.
   c. Affichez toutes les interviews dans la classe et choisissez l'élève le/la plus sportif/sportive.

> Qu'est-ce que tu aimes comme sport ?

Carte mentale p. 40-41

trente-neuf

Lexique et Communication

🎧 052 Les activités de loisirs

 le baby-foot
 le dessin (dessiner)
 un jeu de cartes *(fém.)*
 la musique

 le cirque
 un jeu vidéo
 la lecture (lire)
la poterie

 la cuisine (cuisiner)
 un jeu de société
 la magie
 la télévision (regarder la télé)

🎧 056 Exprimer la fréquence

Tous les jours
Tous les mardis = **le** mardi
Tous les week-ends = **le** week-end
Tous les après-midis = **l'**après-midi
Tous les jeudis soir = **le** jeudi soir

MOI ET

🎧 051 Les jours de la semaine

lundi
mardi
mercredi
jeudi
vendredi
samedi ⎫
dimanche ⎭ le week-end

🎧 057 Les moments de la journée

 le matin
 l'après-midi *(fém. et masc.)*
 le midi
 le soir

Les jours de la semaine et les moments de la journée

1 a. 🎧 058 Écoute et associe. Attention, il y a deux intrus !

Johanna
Lucas
Éloïse
Kevin
Énora

Dimanche matin
Lundi soir
Mardi soir
Samedi après-midi
Jeudi midi
Vendredi midi
Mercredi après-midi

b. 💬 **En groupes.** À quels moments de la semaine tu as des activités ? Compare avec tes camarades et trouvez un moment libre.

> J'ai des activités le mardi et le jeudi soir.

> Moi, j'ai des activités, le samedi matin...

Unité 3

🎧 053 Parler de ses goûts

Tu aimes le dessin / dessiner ?

- 😊😊 Oui, je suis fan (de dessin).
- 😊😊 Oui, j'adore
- 😊 Oui, j'aime (bien) } le dessin. dessiner. ça.
- ☹ Non, je n'aime pas
- ☹☹ Non, je déteste

Tu préfères dessiner ou cuisiner ?

- Je préfère la cuisine !

🎧 055 Les sports

 le basket
 la pétanque
 la danse (danser)
 la randonnée
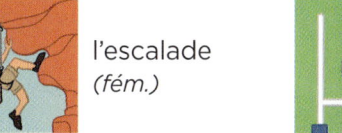 l'escalade (fém.)
le rugby
 le foot / le football
 le ski
 le jogging (courir)
 le tennis
 la marche (marcher)
 l'ultimate (masc.)
 la natation (nager)
 le vélo

MES ACTIVITÉS

🎧 054 *Pourquoi ? / Parce que*

Pourquoi c'est important de faire du sport ?

- **Parce que** c'est bon pour le corps et la tête !

Les activités de loisirs

2 🎧 059 Écoute et associe les réponses des ados aux photos.

A — Phrase n° …
B — Phrase n° …
C — Phrase n° …
D — Phrase n° …
E — Phrase n° …
F — Phrase n° …

quarante et un 41

Lexique et Communication

Parler de ses goûts

3 Complète avec les mots suivants.

aime | aime pas | déteste | préfère | suis fan

a. Tu aimes le baby-foot ? → Oui, j'… bien !
b. Tu aimes la poterie ? → Non, je … ça !
c. Tu aimes regarder la télé ? → Non, je n'… ça !
d. Tu aimes lire ? → Oui, je … de lecture !
e. Tu aimes les jeux de société ? → Oui, mais je … les jeux vidéo !

4 **a. Par deux.** Pose des questions à ton/ta camarade pour connaître ses goûts. Écris les réponses dans ton cahier.

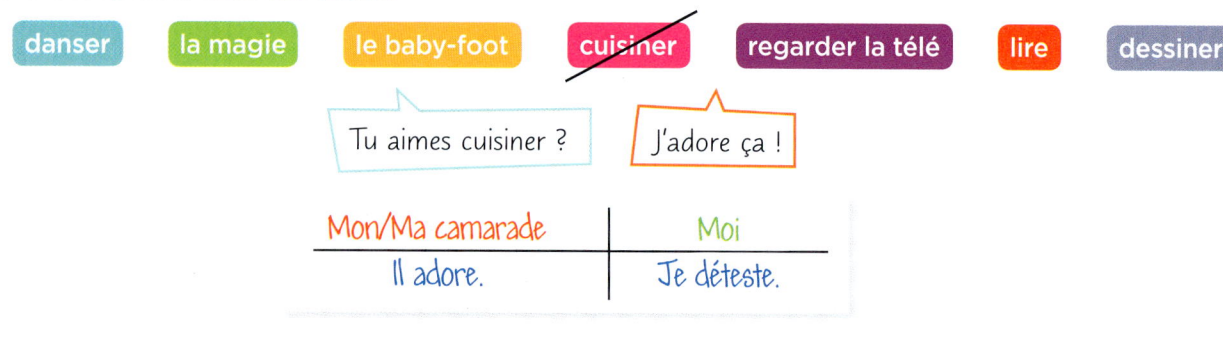

danser | la magie | le baby-foot | ~~cuisiner~~ | regarder la télé | lire | dessiner

Tu aimes cuisiner ?   J'adore ça !

Mon/Ma camarade	Moi
Il adore.	Je déteste.

b. Vous avez quels goûts en commun ?   Nous adorons… mais nous n'aimons pas… !

Pourquoi ? / Parce que

5 a. Complète avec *pourquoi* ou *parce que*.

a. … tu aimes ce festival ?
b. … les activités sont bien !
c. … tu as trois consoles ?
d. … tu fais du sport ?
e. … j'adore les compétitions.
f. … je suis fan de jeux vidéo.
g. … tu ne joues pas aux cartes ?
h. … je n'aime pas ça.

b. Lis une question de l'activité **a**. Ton/Ta camarade dit la réponse correspondante.

Les sports

6 🎧 060 Écoute et dis le nom des sports avec l'article défini *le* ou *la*.

Exprimer la fréquence

7 Transforme les phrases comme dans l'exemple.
Ex. : *Le matin, je fais de l'exercice.* → *Tous les matins, je fais de l'exercice.*

a. Je fais de la marche le lundi, le mardi, le mercredi, le jeudi, le vendredi, le samedi et le dimanche.
b. Moi, l'après-midi, je joue aux jeux vidéo.
c. Et moi, je fais de la poterie le mercredi.
d. Moi, je fais de la randonnée le samedi et le dimanche.

Grammaire et Verbes

Unité 3

La négation ne... pas

Règle générale :
sujet + **ne/n'** + verbe + **pas**

Tu **ne** cuisines **pas**.
Je **n'**aime **pas** ça.

! **n'** devant une voyelle ou un *h* muet

La question avec *quel*

	Masculin	Féminin
Singulier	**Quel** jeu vous aimez ?	**Quelle** est ton activité préférée ?
Pluriel	**Quels** jeux vous aimez ?	**Quelles** sont vos activités préférées ?

! **Quel** jeu vous aimez ? = Vous aimez **quel** jeu ?

1 🎧 061 Écoute et choisis.

J'entends la négation.

Je n'entends pas la négation.

Ex. : *J'entends la négation.*

2 Complète avec *ne...* ou *n'... pas*.
a. Mon frère ... est ... fan de cuisine.
b. Je ... déteste ... la poterie.
c. Nous ... aimons ... les festivals.
d. Vous ... avez ... le jeu *Fortnite* ?
e. Je ... déteste ... regarder la télé mais je préfère jouer.

4 Associe. (Plusieurs possibilités.)

a. Quel
b. Quelle
c. Quels
d. Quelles

1. ateliers tu préfères ?
2. est le thème du festival ?
3. activités tu pratiques le week-end ?
4. jour de la semaine tu préfères ?
5. musique tu écoutes ?
6. sont tes loisirs préférés ?

3 💬 Par deux. Pose une question à ton/ta camarade. Il/Elle répond.

Tu fais du sport le week-end ?
→ le mercredi
Non, je ne fais pas de sport le week-end. Je fais du sport le mercredi.

a. Tes cousins sont fans de jeux vidéo ?
→ jeux de société
b. Ta sœur est à l'atelier musique ?
→ atelier cirque
c. Tu aimes la magie ?
→ la poterie
d. C'est l'après-midi, l'atelier dessin ?
→ le matin
e. Tu détestes la lecture ?
→ la télévision

5 💬 Par deux. Pose des questions à ton/ta camarade. Écris ses réponses dans ton cahier.

Quel est ton prénom ?
Mon prénom, c'est...

Questionnaire Loisirs

Nom : ...
Prénom : ...
Âge : ...
Nationalité : ...

———

Jeu de société préféré : ...
Jeu vidéo préféré : ...
Livres préférés : ...
Activités de loisirs préférées : ...

quarante-trois 43

Grammaire et Verbes

Faire de et jouer à + article

	Masculin	Féminin
Singulier	Je fais **du** sport.	Je fais **de la** randonnée.
Singulier	Je fais **de l'**exercice.	Je fais **de l'**escalade.

	Masculin	Féminin
Singulier	Je joue **au** foot.	Je joue **à la** pétanque.
Pluriel	Je joue **aux** jeux vidéo.	Je joue **aux** cartes.

6  **Par deux. Dis une phrase à ton/ta camarade. Il/Elle transforme avec *jouer* ou *faire*.**

> J'aime le foot.

> Tu joues au foot ! / Tu fais du foot !

l'escalade — le tennis — le rugby — la natation — le ski — les jeux vidéo

La négation *ne... pas de*

un, une, du, de la, de l', des → **ne ... pas de/d'**

Je fais du sport. → Je **ne** fais **pas de** sport.
J'ai un entraînement. → Je **n'**ai **pas d'**entraînement.

! **C'est du** sport. → **Ce n'est pas du** sport.
Ce sont des activités. → **Ce ne sont pas des** activités.

7 **Élia et Jamel ont des goûts très différents. Complète les phrases.**

a. Élia fait du rugby mais Jamel ne fait pas ... rugby.
b. Élia aime le sport mais Jamel n'aime pas ... sport.
c. Élia fait de l'escalade mais Jamel ne fait pas ... escalade.
d. Élia joue à la pétanque mais Jamel ne joue pas ... pétanque.
e. Élia a des activités tous les jours mais Jamel n'a pas ... activités tous les jours.
f. Élia aime le tennis mais Jamel n'aime pas ... tennis.

Est-ce que... ? / Qu'est-ce que... ?

Tu aimes le sport ? **Est-ce que** tu aimes le sport ?	Oui, j'aime ça. Non, je n'aime pas ça.
Qu'est-ce que tu fais comme sport ?	Je fais de l'ultimate.

! Devant une voyelle ou un *h* muet, *que* → *qu'*.
Est-ce **qu'i**l aime le sport ?
Qu'est-ce **qu'e**lle aime comme sport ?

8 **Associe les questions aux réponses. (Plusieurs possibilités.)**

a. Tu aimes le rugby ?
b. Est-ce que tu fais du tennis ?
c. Qu'est-ce que tu préfères : le tennis ou la pétanque ?
d. Qu'est-ce que tu fais le week-end ?

> Oui.
> Le tennis.
> Je joue au rugby.
> Non.

PRONONCIATION — L'intonation

L'intonation de la question est **ascendante**.

 **062** Écoute.
Tu aimes la marche ? ↗
Est-ce que tu aimes la marche ? ↗
Oui, j'aime la marche. ↘

9 🎧 **063** Écoute. Tu entends une question ou une affirmation ?
Ex. : *J'entends une question.*

Unité 3

10 Par deux. Pose une question à ton/ta camarade avec *est-ce que* ou *qu'est-ce que*. Il/Elle répond.

> Qu'est-ce que tu préfères comme jeu vidéo ?

> Rayman !

a. ... tes parents font du sport ?
b. ... tu fais les week-ends ?
c. ... tu as des entraînements les après-midis ?
d. ... tu joues à des jeux de cartes ?
e. ... tu aimes comme activités de loisirs ?
f. ... tu fais de la natation ?

Les verbes en *-er* (aimer)

Règle générale :
radical (**aimer** : *aim-*) + **-e**, **-es**, **-e**, **-ons**, **-ez**, **-ent**.

11 🎧 064 Écoute et répète.

| J'aim**e** |
| Tu aim**es** |
| Il/Elle aim**e** |
| Nous aim**ons** |
| Vous aim**ez** |
| Ils/Elles aim**ent** |

Autres verbes comme *aimer* : adorer, cuisiner, danser, dessiner, détester, écouter, jouer, marcher, parler, regarder...

12 Associe le maximum de sujets et de formes verbales.

13 Dis une lettre et un nombre à ton/ta camarade. Il/Elle fait une phrase.

> b - 1

> Mon frère et moi, **nous** regardons la télé.

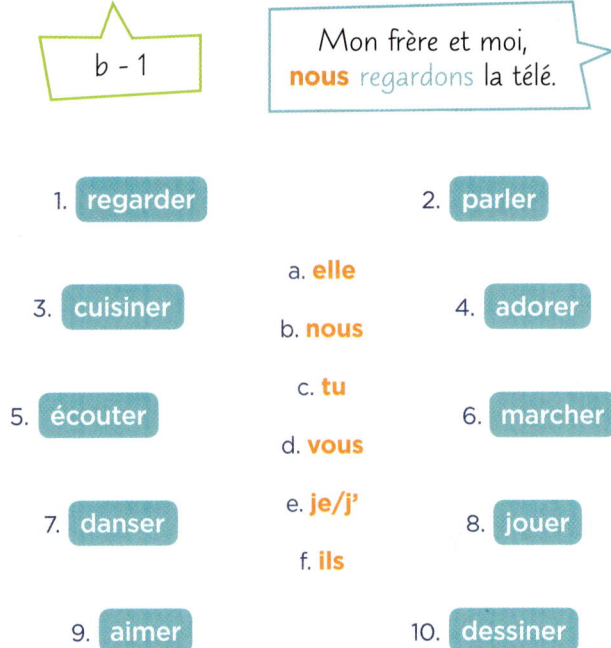

1. regarder
2. parler
3. cuisiner
4. adorer
5. écouter
6. marcher
7. danser
8. jouer
9. aimer
10. dessiner

a. elle
b. nous
c. tu
d. vous
e. je/j'
f. ils

Le verbe *faire*

14 🎧 065 Écoute et répète.

| Je fais |
| Tu fais |
| Il/Elle fait |
| Nous faisons |
| Vous faites |
| Ils/Elles font |

! Attention à la prononciation de « nous f**ai**sons ».

15 a. Complète avec le verbe *faire*.

a. Hugo et Jules ... de la natation.
b. Tu ... du ski ?
c. Titouan et moi, nous ... du basket au collège.
d. Amélie ... de l'escalade.
e. Je ... de l'exercice tous les jours.
f. Bertrand et toi, vous ... de l'ultimate ?

b. 🎧 066 Prononce les phrases et écoute pour vérifier.

quarante-cinq 45

Évaluation

Compréhension de l'écrit

1 a. Lis le forum et réponds. .../5

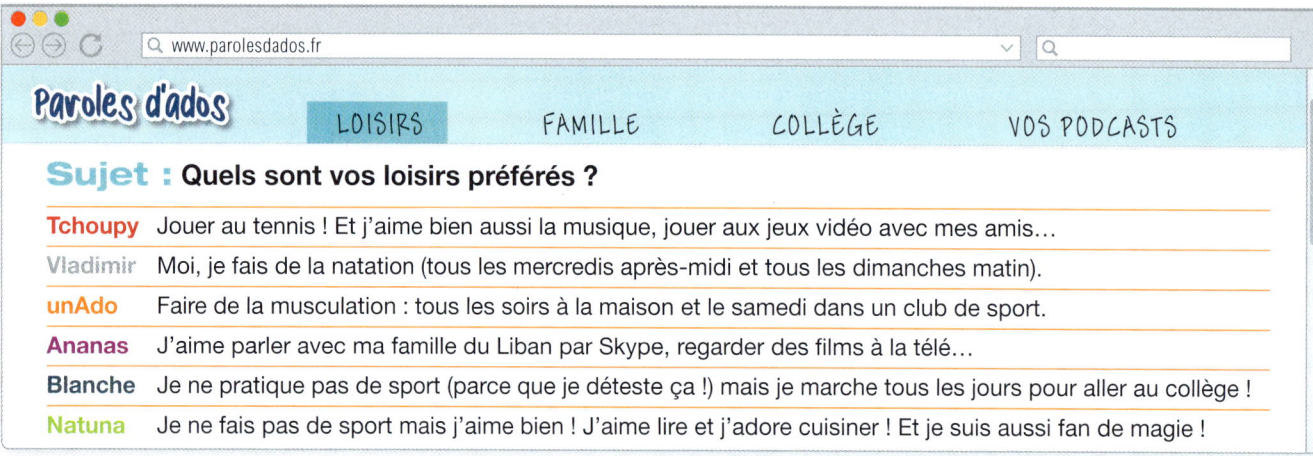

1. Qui aime la lecture ?
2. Qui n'aime pas faire du sport ?
3. Qui fait une activité tous les jours ? Quelle activité ? (2 réponses)
4. Quel sport n'est pas cité dans le forum ? Choisis le dessin correspondant.

A B C D E

Production orale

b. Tu laisses un message pour la rubrique « Vos podcasts » du site Paroles d'ados. Tu réponds à la question : « Quels sont tes loisirs préférés ? » .../5

Explique pourquoi tu fais ces activités, à quelle fréquence, à quels moments de la journée…

Compréhension de l'oral

2 a. 067 Écoute l'interview à la radio. .../5
Vrai ou faux ? Justifie.
1. Justine aime courir.
2. Elle déteste nager.
3. Clarisse est la mère de Justine.
4. À 11 ans, elle surfe tous les jours.
5. Elle adore la classe sportive.

Production écrite

b. Tu écris un message sur le site de la radio. Présente ton sportif ou ta sportive préféré(e) (âge, pays…), dis pourquoi tu l'aimes… (40 mots) .../5

RENDEZ-VOUS

Unité 4

LEÇON 7 Apprenons à présenter et décrire notre collège pour préparer la visite guidée de notre collège.

LEÇON 8 Apprenons à parler des horaires et des matières scolaires pour imaginer notre emploi du temps idéal.

Ressources +
- Culture et Citoyenneté : Le collège en France
- Mon cours de mathématiques

LEÇON 7 — Au collège Louis-Jouvet

Document 1

Collège Louis-Jouvet

Accueil | Laclasse.com | Vie au collège | Actualités

Samedi 23 MARS — C'est la journée Portes ouvertes
Des 6ᵉˢ font la visite guidée du collège aux futurs élèves.
Lire la suite

Lundi 4 MARS — Bonne rentrée à tous !

Vendredi 15 FÉVRIER — Bonnes vacances de février à tous !
Rendez-vous le 4 mars.

Lundi 11 FÉVRIER — Cette semaine, c'est la fête de l'association sportive !
Où s'inscrire aux ateliers sportifs ?
Sur la page web de l'association sportive ici
Quand participer ?
Tous les jours, le midi ▶ Programme ici
Venez nombreux !

Vendredi 1ᵉʳ FÉVRIER — Exposition des ateliers photo et vidéo
C'est où ?
Dans la salle 22.
C'est quand ?
Du 1ᵉʳ au 15 février, le midi.

---

1 Observe le site et choisis.
Le collège présente les actualités…
1. de la semaine.
2. des mois de février et mars.
3. de l'année scolaire.

2 a. Lis les informations du site et trouve :
1. la date de la journée Portes ouvertes.
2. les dates de l'exposition photo et vidéo.
3. les dates des vacances de février.

b. Et dans ton collège, quelles sont les dates des vacances scolaires ?

> Nous sommes en vacances du… au… .

3 a. Relis et réponds.
1. Quand ont lieu les ateliers sportifs ?
2. Où et quand a lieu l'exposition photo et vidéo ?

b. En groupes. Listez trois événements ou activités de votre collège. Dites-les à un autre groupe. Vos camarades posent des questions. Vous répondez.

> L'atelier théâtre
> L'atelier théâtre, c'est quand ?
> Le jeudi midi.

Les mois de l'année
janvier • février •
mars • avril •
mai • juin •
juillet • août •
septembre • octobre •
novembre • décembre

Dire la date
(le) lundi 5 mars
du 1ᵉʳ au 15 février

Où et quand
(C'est) **où ?**
▶ Dans la salle 22.
(C'est) **quand ?**
▶ Le midi.

Unité 4

Document 2 🎧 068

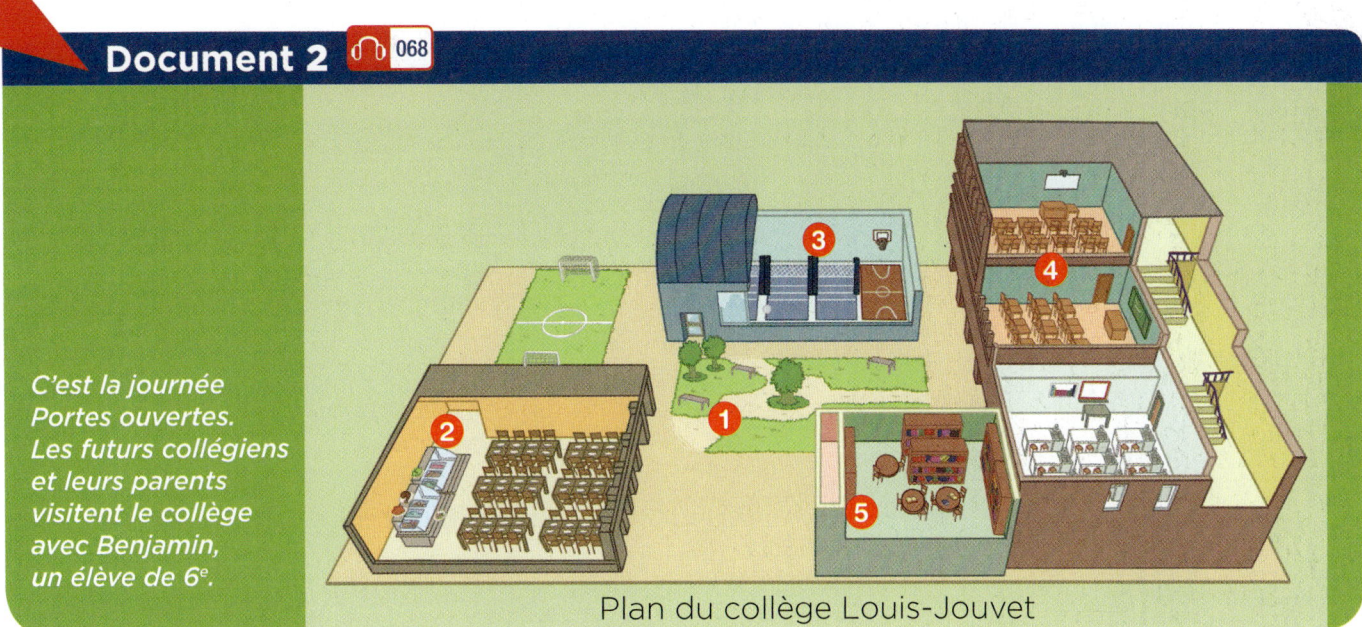

C'est la journée Portes ouvertes. Les futurs collégiens et leurs parents visitent le collège avec Benjamin, un élève de 6ᵉ.

Plan du collège Louis-Jouvet

4 Observe le plan et lis la phrase d'introduction.
1. Qui est au collège à la journée Portes ouvertes ?
2. Qu'est-ce que font les personnes ?

5 a. 🎧 068 Écoute. Observe le plan du collège et complète.
1. Là, c'est la cour de ... .
2. À cet endroit, c'est la ... .
3. Ce bâtiment bleu, c'est le ... .
4. Dans le bâtiment principal, il y a les ... .
5. Cette salle, c'est le ... .

b. 💬 Par deux. Dessinez des lieux de votre collège. Posez des questions pour deviner ces lieux.

> Cette salle, c'est une salle de classe ?

> Non, c'est...

Les lieux du collège

la cantine
le CDI
la cour de récréation
le gymnase
la salle de cours = la classe
la salle informatique

Les adjectifs démonstratifs

ce bâtiment, **cet** endroit
cette salle
ces classes

6 🎧 068 Réécoute. Vrai ou faux ? Justifie.
1. Il y a des ordinateurs dans les classes.
2. Il y a des tableaux numériques dans la salle informatique.
3. Il n'y a pas de casiers pour les élèves.

Il y a et Il n'y a pas de/d'

Il y a un CDI, des casiers...
Il n'y a pas de CDI, de casiers...

7 ✏️💬 **Préparons la visite guidée de notre collège !**

En groupes
a. Dessinez et légendez le plan de votre collège.
b. Affichez votre plan et présentez-le à la classe.

> Ce bâtiment bleu, c'est le bâtiment des salles de cours. Il y a des ordinateurs dans les classes.

Carte mentale p. 52-53

LEÇON 8 Rendez-vous à l'atelier vidéo

Document 1

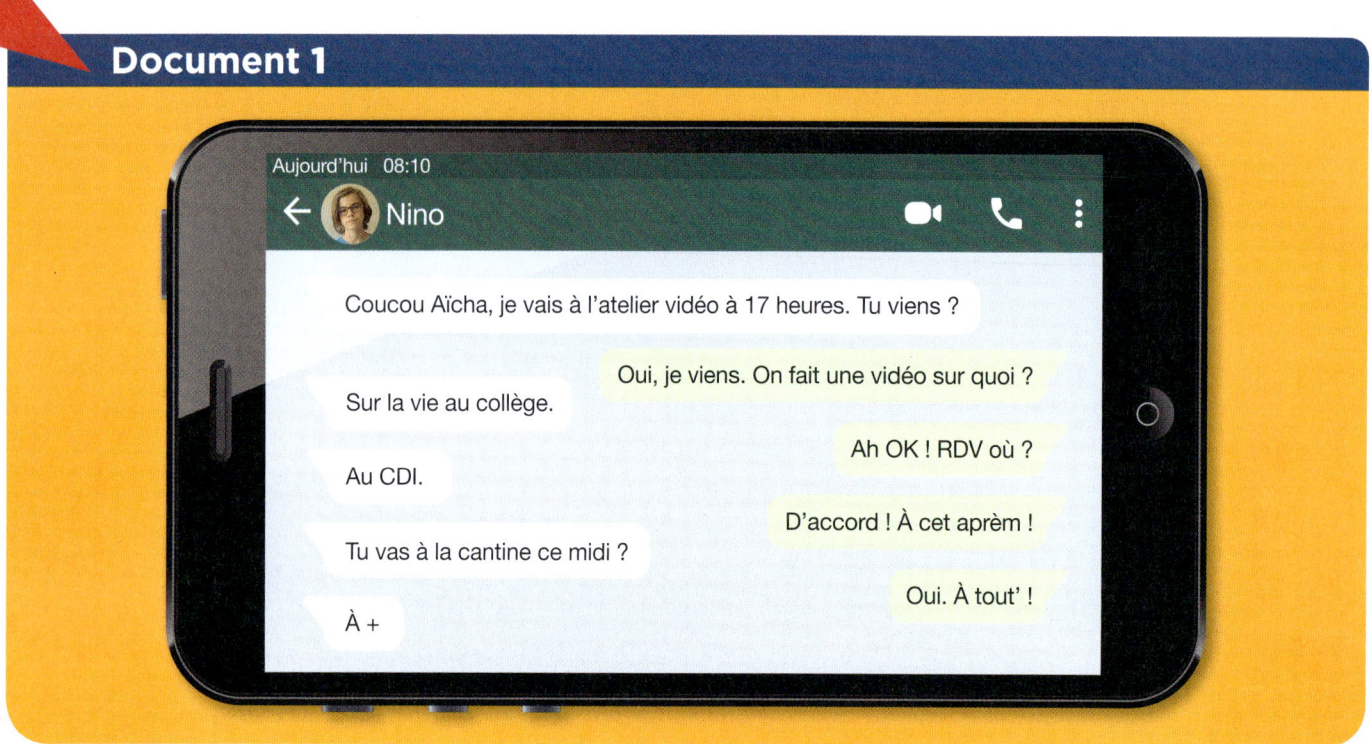

1 Lis l'échange de SMS. Vrai ou faux ? Justifie.
1. Aïcha et Nino fixent des rendez-vous.
2. Ils participent à un atelier vidéo.
3. Ils font une vidéo sur le CDI.

2 a. Relis. Où est-ce qu'Aïcha et Nino se donnent rendez-vous…
- ce midi ?
- cet après-midi ?

La préposition *à* + article
aller/être **au** CDI
à la cantine
à l'atelier vidéo

b.  **En groupes.** Choisis un lieu. Mime l'action. Tes camarades devinent le lieu.

la cantine | le gymnase | le CDI | l'atelier photo

> Tu es au CDI ?

3 a. Retrouve dans l'échange de SMS les expressions équivalentes.
1. À tout à l'heure ! = *À tout' !*
2. À plus tard ! …
3. À cet après-midi ! …
4. D'accord ! …
5. Rendez-vous …

Fixer un rendez-vous
Je vais à l'atelier vidéo.
Tu viens ?
▶ Oui (, je viens).
Tu vas à la cantine ce midi ?
▶ Oui. À tout' !
Rendez-vous où ?
▶ Au CDI.

b. **Par deux.** Fixez un rendez-vous dans un lieu de votre collège.

> Je vais au CDI ce midi, tu viens ?

Unité 4

Document 2 🎧 069

4 a. Observe la tablette.
1. Quel est le sujet du reportage de l'atelier vidéo ?
2. Qui parle dans le reportage ?

b. 🎧 069 **Écoute. De quoi parlent les élèves ? (Plusieurs réponses possibles.)**
1. de leurs matières préférées   2. de leurs profs   3. de leur emploi du temps

5 🎧 069 **Réécoute. Quelles sont les matières préférées d'Aïcha, de Nino et de Léonie ? Réponds et complète la boîte à outils.**

6 🎧 069 **Écoute encore. Vrai ou faux ?**
1. Le matin, Nino commence à 8 h 15.
2. L'après-midi, Nino a cours de 13 h 00 à 16 h 15.
3. Lucas termine à 17 h 15.

7 a. Qu'est-ce qui est nouveau au collège ? Choisis.
1. On fait ses devoirs à l'étude.
2. On a un prof différent par matière.
3. On a des salles différentes.

b. 💬 **Par deux. Quelles matières tu aimes ? Tu n'aimes pas ? Compare avec ton/ta camarade. Présentez vos points communs à la classe.**

Téo = 😊 maths 😞 SVT
Moi = 😊 maths 😞 EPS

> Téo et moi, on aime bien... et on n'aime pas...

Les matières scolaires

l'éducation physique et sportive = ...
l'histoire-géographie = ...
les mathématiques = *les maths*
les sciences de la vie et de la Terre = ...
la technologie = ...

Dire l'heure

 = huit heures et quart

 = huit heures et demie

 = neuf heures moins le quart

 = midi

Le pronom *on*

On a = Nous avons

8 ✏️💬 **Imaginons notre emploi du temps idéal !**

Carte mentale
p. 52-53

En groupes
a. Listez vos matières préférées. Choisissez les horaires.
b. Préparez votre emploi du temps de la semaine.
c. Présentez-le à la classe.

> Le lundi, on commence à 10h00 et on a maths toute la journée...

cinquante et un 51

Lexique et Communication

072 Les lieux du collège

la cantine
le centre de documentation et d'information = le CDI
la cour (de récréation)
le gymnase
le terrain de foot
l'infirmerie
le laboratoire = le labo
la salle de cours = la classe
la salle des professeurs (profs)
la salle informatique
les toilettes

073 Fixer un rendez-vous

Je vais à l'atelier vidéo. Tu viens ?
Tu vas à la cantine ce midi ?

➤ Oui (, je viens). / Oui, à tout à l'heure !
➤ Non, désolé(e).

On se donne rendez-vous où et quand ?
Rendez-vous à quelle heure ?

➤ (RDV) au CDI / dans la cour / à 17 heures.

074 Situer dans le temps

Aujourd'hui	En général
ce matin	**le** matin
ce midi	**le** midi
cet/cette après-midi	**l'**après-midi
ce soir	**le** soir

070 Les mois de l'année

janvier, juillet
février, août
mars, septembre
avril, octobre
mai, novembre
juin, décembre

071 Dire la date

On est quel jour, aujourd'hui ?

➤ Aujourd'hui, on est (le) lundi 5 mars.

Quelles sont les dates des vacances ?
Les vacances, c'est quand ?

➤ **Du** 1er (premier) **au** 15 février.
➤ **En** février et **en** mars.

MOI ET

Les mois de l'année

1 Par deux. Écrivez le nom des douze mois de l'année sur des papiers. Piochez un papier. Dites le nom du mois précédent et du mois suivant.

Mars !   Mai !

Avril

Dire la date

2 Par deux. Dis une date. Ton/Ta camarade écrit la date en chiffres.

Le vingt octobre

20 / 10

Unité **4**

076 Dire l'heure

Il est quelle heure ? / Quelle heure il est ?

Il est...	L'heure courante	L'heure officielle
6 h 00	six heures	18 h 00
6 h 15	six heures et quart	18 h 15
6 h 30	six heures et demie	18 h 30
6 h 45	sept heures moins le quart	18 h 45
12 h 00	midi / minuit	

MON COLLÈGE

075 Les matières scolaires

 les arts plastiques
 l'éducation musicale
 l'éducation physique et sportive = l'EPS
 l'enseignement moral et civique = l'EMC
 le français
 l'histoire-géographie = l'histoire-géo
 les langues vivantes
 les mathématiques = les maths
 les sciences de la vie et de la Terre = les SVT
 les sciences physiques
 la technologie = la techno

077 Parler de son emploi du temps

Tu as cours / Tu commences à quelle heure ?
Tu termines à quelle heure ?

> J'ai cours de maths **de** 8 heures **à** midi.
> Je commence **à** 8 heures. Je termine **à** 17 heures.

Qu'est-ce que tu as comme cours jeudi matin ?

> J'ai (deux heures d') EPS.

Les lieux du collège

3 Complète le nom des lieux.

A la ... B le ... C le ... D le ... E la ... F une ...

Lexique et Communication

Fixer un rendez-vous

4 a. 💬 **Par deux.** Choisissez un lieu du collège. Préparez un minidialogue avec les mots suivants.

tu viens • d'accord • ce midi • rendez-vous • à tout à l'heure

b. Jouez le minidialogue.

Situer dans le temps

5 🎧 078 Écoute et lève la pancarte correspondante.

Ex. : *Ce matin, nous visitons le collège.* → *Aujourd'hui*

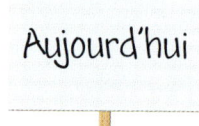 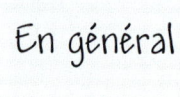

Les matières scolaires

6 🎲 **En groupes.** Le jeu des matières scolaires.
Fais un dessin pour représenter une matière scolaire. Tes camarades devinent.

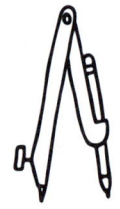 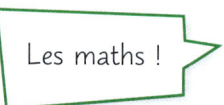

Dire l'heure

7 💬 **Par deux.** Dis l'heure de manière courante à ton/ta camarade. Il/Elle montre le cadran correspondant.

A   B   C   D   E   F

Parler de son emploi du temps

8 💬 **Par deux.** Observez l'emploi du temps de Manon. Préparez cinq questions. Un autre groupe répond.

Manon termine les cours à quelle heure, le mardi ?

À quinze heures vingt !

	Lundi	Mardi	Mercredi
8h00 – 8h55	Français	EPS	Anglais
8h55 – 9h50	Anglais		Arts plastiques
10h10 – 11h05	Sciences physiques	Anglais	Français
11h05 – 12h00	Techno	Français	Maths
13h30 – 14h25	Histoire-géo	Éducation musicale	
14h25 – 15h20	Maths	Histoire-géo	
15h40 – 16h35	SVT		

54 cinquante-quatre

Grammaire et Verbes

Unité 4

Où et quand

Où → pour poser une question sur le lieu.

(C'est) **où** ?
➤ Dans la salle 22.
Où est-ce qu'on s'inscrit ? / On s'inscrit **où** ?
➤ Sur le site de l'association sportive.

Quand → pour poser une question sur le moment.

(C'est) **quand** ?
➤ Le midi.
Quand est-ce que tu participes ? /
Tu participes **quand** ?
➤ Tous les jeudis.

Les adjectifs démonstratifs

	Masculin	Féminin
Singulier	**ce** bâtiment **cet*** endroit	**cette** salle
Pluriel	**ces** bâtiments **ces** endroits	**ces** salles

* **Cet** + nom masculin qui commence par une voyelle ou un *h* muet.

1 🎧 079 Écoute. Associe les questions aux réponses.

a. C'est dans la salle 30.
b. Sur le site Internet du collège, le 10 septembre.
c. Samedi matin, à la journée Portes ouvertes.
d. C'est du 10 au 25 février.
e. À l'association sportive du collège.

Question n°...

3 💬 Par deux. Vous avez trois minutes pour trouver le maximum de combinaisons.

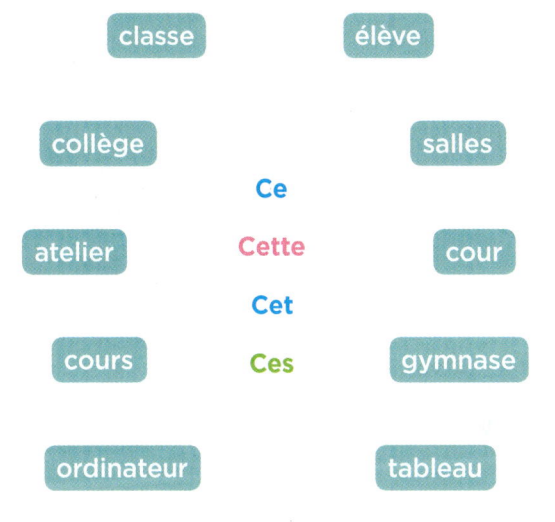

classe — élève — collège — salles — atelier — cour — cours — gymnase — ordinateur — tableau — collégiennes

Ce — Cette — Cet — Ces

2 💬 Par deux. Choisis une activité et pose une question avec *où* ou *quand*. Ton/Ta camarade répond.

- avoir cours d'anglais
- avoir sport au collège
- faire tes devoirs
- faire des activités
- parler français
- retrouver tes amis

Quand est-ce que tu as cours d'anglais ?

J'ai cours d'anglais le lundi et le mardi.

4 🎧 080 Écoute les questions et complète les réponses. Utilise des adjectifs démonstratifs.

Ex. : *Les casiers sont pour les élèves ?*
→ *Oui, **ces casiers** sont pour nos livres et nos cahiers.*

a. Oui, ... sont mes supers copines !
b. Oui, ... , c'est Lucas, un élève de ma classe !
c. Oui, j'adore ... !
d. Non, je n'aime pas ... , je préfère l'atelier cirque.
e. J'ai cours dans ... .
f. Non, ... n'est pas mon prof de français, c'est mon prof d'anglais !
g. Non, ... , c'est l'ordinateur du professeur !

cinquante-cinq 55

Grammaire et Verbes

Il y a et Il n'y a pas de/d'

Il y a est une forme invariable.

Il y a un CDI, une cantine, des casiers, des ordinateurs.
Il n'y a pas de CDI, **de** cantine, **de** casiers, **d'**ordinateurs.

5 Par deux. Observez les dessins. Trouvez cinq différences.

> Sur le dessin A, il n'y a pas de professeur. Sur le dessin B, il y a un professeur !

A

B

6 En groupes. Qu'est-ce qu'il y a dans ton collège ? Qu'est-ce qu'il n'y a pas ? Tes camarades répondent vrai ou faux.

- une cantine
- un CDI
- des casiers
- une salle informatique
- un atelier vidéo
- un gymnase
- une cour de récréation

> Dans notre collège, il n'y a pas de casiers !

> Vrai !

La préposition à + article

Pour indiquer le lieu où on est ou la destination, on utilise la préposition **à**.

Je suis / Tu viens / On va **au** CDI.
                             à la cantine.
                             à l'atelier vidéo.
                             aux toilettes.

! Je suis / vais **dans** la cour. / **dans** la classe. / **dans** la salle.

Les verbes *aller* et *venir* p. 57

7 Complète avec *au*, *à la*, *à l'* ou *aux*.

a. Aujourd'hui, nous avons EPS ... gymnase ou dans la cour ?
b. Pourquoi est-ce que tu vas ... infirmerie ? Ça ne va pas ?
c. Vous allez ... journée Portes ouvertes ?
d. – Nino est dans la classe ?
 – Non, il est ... toilettes.
e. Je ne mange pas ... cantine aujourd'hui. Et toi ?

Le pronom *on*

On a des cours de techno.
= **Nous avons** des cours de techno.

On termine les cours à 16 h 20.
= **Nous terminons** les cours à 16 h 20.

! *On* est suivi par un verbe à la 3e personne du singulier.

8 Associe.

a. On
b. Nous

1. terminons les cours à 15 h 30, aujourd'hui.
2. faisons nos devoirs au CDI ?
3. est en vacances ce soir !
4. n'a pas de casiers dans notre collège.

PRONONCIATION — Le son [ɔ̃]

9 a. 🎧 081 Écoute les phrases. Combien de fois est-ce que tu entends le son [ɔ̃] ?

b. 🎧 082 Écoute. Lève la main quand tu entends la liaison entre le pronom *on* et le verbe. Répète.

Unité 4

10 Transforme les phrases. Utilise le pronom *on*.

Nous avons sport le lundi.
→ le mardi

Dans notre collège/classe, on n'a pas sport le lundi, on a sport le mardi !

A
Nous avons des devoirs le soir.
→ le week-end

B
Nous avons des évaluations tous les mardis.
→ les vendredis

C
Dans ma classe, nous sommes 15 élèves.
→ 20 élèves

D
Nous avons des cours d'informatique au collège.
→ de théâtre

Le verbe *aller*

11 083 Écoute et répète.

Je **vais**
Tu **vas**
Il/Elle/On **va**
Nous allons
Vous allez
Ils/Elles **vont**

12 Complète avec le verbe *aller*.

a. Les élèves … au collège Henri IV.
b. – Tu … à la cantine ?
   – Non, je … dans la classe !
c. On … au gymnase le jeudi.
d. Alice et Lucille … au CDI.
e. Nous … dans la cour.

13 En groupes. Choisis un pronom personnel. Tes camarades disent la forme correcte du verbe *aller*.

je   on   elles   nous
vous   tu   elle   il   ils

Le verbe *venir*

14 084 Écoute et répète.

Je **viens**
Tu **viens**
Il/Elle/On **vient**
Nous venons
Vous venez
Ils/Elles **viennent**

15 Par deux. Choisis un pronom personnel. Ton/Ta camarade dit la forme correcte du verbe *venir*.

je   on   elles   nous
vous   tu   elle   il   ils

16 Le jeu des conjugaisons.

a. Écris le maximum de phrases avec ces formes verbales.

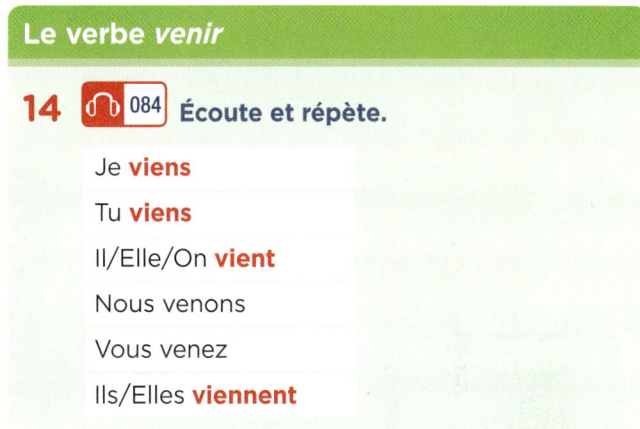

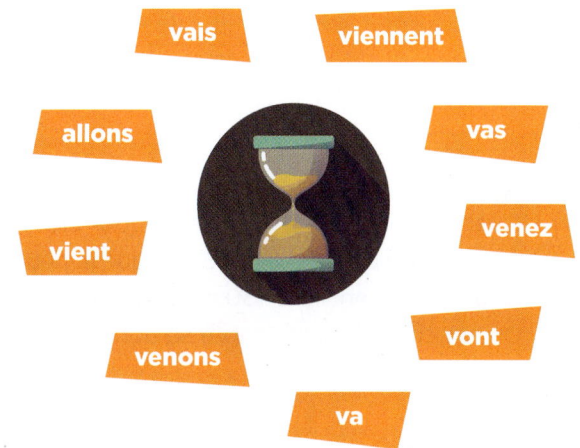

b. **En groupes.** Mettez en commun et comptez un point par phrase correcte. Qui gagne ?

Évaluation

Compréhension de l'écrit

1 a. Lis l'article. Vrai ou faux ? Justifie. .../5

Vos questions sur le collège

Cette année, tu entres en 6ᵉ et tu as des questions sur le collège ?
Voici des réponses de collégiens.

Est-ce qu'on a des salles différentes pour les différents cours ?

Oui. Nous, on va au laboratoire pour les SVT et il y a une salle spéciale pour la techno.
Maé, élève de 4ᵉ

Quand est-ce qu'on va au CDI ?

Nous, on va au CDI en cours de français, avec notre prof.
Elsa, élève de 3ᵉ

Le collège, c'est grand ! Comment trouver mes salles de cours ?

Le jour de la rentrée, les 6ᵉ visitent le collège avec leurs professeurs.
Naël, élève de 5ᵉ

Est-ce que les élèves d'une classe ont un emploi du temps différent ?

Oui, pour les SVT ou la techno, il y a des demi-groupes.
Omar, élève de 5ᵉ

1. L'article présente les réponses aux questions de nouveaux collégiens.
2. Dans le collège de Maé, il y a des salles spéciales pour les sciences.
3. Dans le collège de Naël, il y a une visite du collège pour les élèves de 6ᵉ.
4. Elsa ne va pas au CDI avec sa classe.
5. Les élèves de la classe d'Omar sont en petits groupes pour le sport.

Production orale

b. Par deux. Imagine cinq questions sur la vie au collège. Ton/Ta camarade répond. .../5

— Les cours commencent à quelle heure ?
— À huit heures et quart.

Compréhension de l'oral

2 a. 🎧 085 Écoute et réponds. .../5

1. Quelle matière est un problème pour Inès ?
2. Ambre propose d'aller au CDI à quelle heure ?
3. Que fait Inès entre 12h30 et 13h30 ?
4. Où est-ce qu'Inès et Ambre se donnent rendez-vous ? Quand ? (2 points)

Production écrite

b. Écris un message à un(e) camarade pour faire tes devoirs avec lui/elle. Propose une heure et un lieu de rendez-vous. (40 mots) .../5

HÉROS

Unité 5

LEÇON 9 Apprenons à décrire le caractère et la profession pour créer l'affiche d'un héros de tous les jours.

LEÇON 10 Apprenons à décrire le physique et parler des animaux pour créer un quiz sur les héros et leur animal.

Ressources +

- Leçon 10 Document 2 en vidéo !
- Culture et Citoyenneté : Les animaux de compagnie des Français
- Mon cours de SVT

LEÇON 9 — Fans de super-héros

Document 1 🎧 086

Au Comic Con Paris. Un journaliste interviewe des participants.

Wonder Woman — Spiderman

1 Observe les photos et lis la phrase d'introduction.

a. Qui sont les personnes ?

b. À ton avis, le Comic Con, c'est :
1. un festival sur les héros de bande dessinée ?
2. un festival de théâtre ?

2 a. 🎧 086 Écoute. Vrai ou faux ?
La question du journaliste est : « Quel est ton super-héros préféré ? »

b. 🎧 086 Réécoute. Qu'est-ce qu'un héros / une héroïne ? Associe.

 Pour Spiderman, un héros / une héroïne…

 Pour Wonder Woman, un héros / une héroïne…

1. n'est pas toujours un personnage de fiction.
2. fait des choses extraordinaires.
3. existe aussi dans la vraie vie.
4. a des super-pouvoirs.
5. sauve des vies.

c. Que remplacent les mots en gras ? Choisis.
1. J'ai une question pour **eux**.
2. Pour **toi**, c'est quoi un héros ?
3. Pour **moi**, c'est une héroïne !
4. **Elle**, elle est policière.

a. Spiderman
b. Wonder Woman
c. la mère de Wonder Woman
d. les fans de super-héros

3 a. 🎧 086 Écoute encore. Il y a des héros / héroïnes dans quelles professions ? Aide-toi de la boîte à outils.

b. 💬 **En groupes.** Et pour vous, dans quelles professions il y a des héros ? Faites le Top 5. Comparez avec la classe.

> Nous, en numéro 1, on propose footballeur. Et vous ?

Les pronoms toniques
moi
toi
lui/elle
nous
vous
eux/elles

Les professions
un(e) médecin
un(e) vétérinaire
un(e) professeur(e)
un acteur / une actrice
un policier / une policière
un pompier / une pompière

Unité 5

Document 2

Univers Ados

Tu es fan du Comic Con Paris ? Ce test est pour toi !

Quel héros ou quelle héroïne tu es ?

❶ **Imagine : tu es un héros / une héroïne. Quelle est ta caractéristique principale ?**
- ▲ Tu es un exemple pour tes amis et ta famille.
- ❖ Tu n'as pas de super-pouvoirs mais tu as de super idées.
- ★ Tu peux changer le monde.

❷ **Tu es quelqu'un… (Choisis deux réponses.)**
- ❖ de créatif.
- ▲ d'actif.
- ★ d'optimiste.
- ❖ d'intelligent.
- ★ de sincère.
- ▲ de courageux.

❸ **Tu es un animal. Tu es…**
- ❖ un dauphin.

RÉSULTATS

- ▲ Comme **Mulan**, tu as de l'énergie et tu es quelqu'un de généreux !
- ❖ Comme **Iron Man**, tu aimes la technologie ; tu peux créer quelque chose de génial parce que tu as de l'imagination !
- ★ Comme **Naruto**, tu es quelqu'un de positif et tu aimes dire la vérité.

4 Lis le test. Qu'est-ce que tu peux découvrir ? Choisis. (Plusieurs possibilités.)
1. ton héros préféré
2. ton caractère
3. quel héros ou quelle héroïne tu es

5 a. Relis et complète avec des mots de la boîte à outils.
1. Iron Man est *créatif* et … .
2. Mulan est … et … .
3. Naruto est … et … .

b. 💬 **En groupes.** Décris ton caractère avec deux adjectifs. Ajoute un intrus. Tes camarades devinent l'intrus.

> Je suis quelqu'un de/d'…

> Tu n'es pas… !

Décrire le caractère	
Il est…	**Elle est…**
optimiste	optimiste
sincère	sincère
intelligent	intelligente
courageux	courageuse
généreux	généreuse
actif	active
créatif	créative
positif	positive

6 💬 Fais le test et partage tes résultats avec la classe.

7 ✏️💬 **Créons l'affiche d'un héros / d'une héroïne de tous les jours !**

Carte mentale p. 64-65

En groupes

a. Choisissez une profession et dessinez votre héros / héroïne. Décrivez son caractère et ses super-pouvoirs.

b. La classe vote pour l'affiche la plus originale.

> Elle est active…

LEÇON 10 Animaux et héros

Document 1

www.leblogdezelie.fr

Zélie, passionnée d'animaux

Histoires d'animaux | Conseils | Jeux

Chats
Chevaux
Chiens
Lapins
Oiseaux
Poissons

Les chiens : mes super-héros !

Pourquoi des super-héros ? Parce qu'ils ont beaucoup de qualités. Ils peuvent aider des personnes en difficulté et sauver des vies.

- **Les chiens sauveteurs ▶** Ils sont très courageux et très intelligents. Avec un entraînement très court (3 mois seulement !), ils peuvent retrouver des personnes dans la neige ou dans l'eau.

- **Les chiens guides d'aveugles ▶** Ils sont très sociables et ils aiment beaucoup le contact avec les humains. Ils ont aussi beaucoup d'autres qualités : ils sont très calmes…

---

1 a. Observe le blog de Zélie.
1. De quels animaux est-ce qu'elle parle ?
2. Quel est son animal préféré ?

b. 💬 **Et dans la classe ? Quels animaux est-ce que vous avez ? Faites la liste.**

> Moi, j'ai un chien et deux chats.

> Dans la classe, nous avons cinq chiens…

Les animaux
un chat
un cheval (des chevaux)
un chien
un lapin
un oiseau (des oiseaux)
un poisson

Le verbe **pouvoir** : p. 69

2 a. Lis le blog et réponds.
1. Que peuvent faire les chiens ?
2. À quelle catégorie de chiens correspondent ces photos ?

1

2

3

b. Vrai ou faux ? Justifie.
1. L'entraînement des chiens sauveteurs est long.
2. Les chiens guides d'aveugles aiment la compagnie.
3. Les chiens guides d'aveugles ont seulement deux qualités.

3 💬 **Et pour toi ? Quels animaux sont des héros ? Pourquoi ?**

> Les dauphins sont des héros parce qu'ils sont très intelligents et sauvent beaucoup de vies.

très et *beaucoup (de/d')*

Ils sont **très** courageux.
Ils aiment **beaucoup** le contact avec les humains.
Ils ont **beaucoup de** qualités.

Unité 5

Document 2 🎧 087

4 Observe le blog de Zélie.

a. Choisis. Zélie propose à ses lecteurs :
   1. de jouer à un jeu à la radio.
   2. d'écouter un jeu à la radio.

b. Quel jeu propose la radio ?

5 a. 🎧 087 Écoute et choisis. Dans le jeu, on donne des informations sur :
   1. le physique des héros   2. les super-pouvoirs des héros   3. le caractère de leur animal

b. Associe les personnages à leur animal. Quels sont les intrus ?

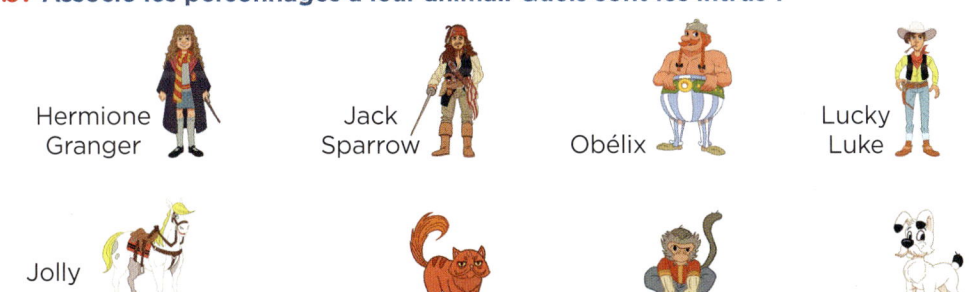

Hermione Granger — Jack Sparrow — Obélix — Lucky Luke
Jolly Jumper — Pattenrond — Jack — Idéfix

Décrire le physique

Il/Elle est...
• grand(e) ≠ petit(e),
• gros/grosse,
• châtain, brun(e),
• roux/rousse.

Il/Elle a...
• les cheveux longs.
• les yeux marron.
Il a des moustaches.

6 a. 🎧 087 Réécoute et réponds.
1. Qui est châtain ?
2. Qui a des moustaches ?
3. Qui a les cheveux longs ?
4. Qui a les yeux marron ?
5. Qui est roux ?
6. Qui est grand ?

b. 💬 En groupes. Décris le personnage intrus de l'activité **5b**. Compare avec tes camarades.

7 💬 **Créons un quiz sur les héros et leur animal !**

En groupes
a. Choisissez un duo « héros / animal ».
b. Décrivez le héros et donnez le nom de son animal. La classe devine.

> Elle est rousse. Elle a... . Son animal de compagnie, c'est un chat.

Carte mentale p. 64-65

Lexique et Communication

🎧 088 Les professions

 un(e) médecin

 un(e) avocat(e)

 un pompier / une pompière

 un(e) vétérinaire

 un(e) commerçant(e)

 un acteur / une actrice

 un(e) professeur(e)

 un policier / une policière

 un chanteur / une chanteuse

MOI ET

🎧 089 Décrire le caractère

Il/Elle est comment ?

➤ Il/Elle est...
- calme, optimiste, sensible, sincère, timide
- intelligent(e)
- courageux (-euse), curieux (-euse), généreux (-euse)
- actif (-ive), créatif (-ive), positif (-ive)
- doux / douce
- gentil / gentille

➤ C'est quelqu'un **de** calme, de généreux, d'actif...

Les professions

1 🎧 092 **Par deux. Écoutez. Associez les noms des professions aux photos. Le/La plus rapide gagne un point.**

A

B

C

D

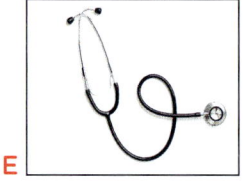
E

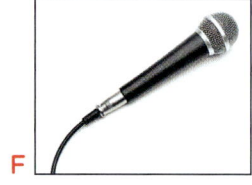
F

G

H

Unité 5

Décrire le caractère

2 Complète avec les mots suivants.

active • créative • curieux • sincère • généreuse • gentil • timide

a. Daniela ne parle pas beaucoup parce qu'elle est ... .
b. Gabrielle aime donner aux autres : elle est ... .
c. Magali n'a pas beaucoup d'imagination : elle n'est pas ... .
d. Justin est ... : il est super sympa !
e. Gaultier aime comprendre le fonctionnement des choses : il est très ... .
f. Lorena fait du foot, du volley et de la danse : elle est très ... !
g. Laurent est ... : il aime dire la vérité.

Lexique et Communication

3 a. Décris-toi avec trois qualités. Écris ces qualités sur une feuille.
   b. 💬 Trouve dans la classe un(e) camarade avec une ou deux qualités identiques.

> Moi, je suis curieuse, calme et douce. Et toi ?

> Zoé et moi, on est curieux.

Les animaux

4 a. Observe la photo pendant deux minutes.
   b. 🎧 093 Ferme ton livre et écoute.
   Quel animal n'est pas sur la photo ?

5 🎲 Le jeu des animaux cachés.
En groupes. Observez le dessin. Retrouvez six autres animaux le plus rapidement possible.

> Un oiseau !

Décrire le physique

6 a. 🎧 094 Lis les phrases et écoute. Vrai ou faux ? Corrige les phrases fausses.

1. Clara est petite.
2. Clara a les yeux verts.
3. Marina est mince.
4. Marina a les yeux noirs et les cheveux châtains.
5. Clara et Marina ont des lunettes.
6. Isaure a les cheveux roux, longs et raides.

b. Observe les dessins.
Retrouve Clara, Marina et Isaure.

A   B   C

66 soixante-six

Grammaire et Verbes

Unité 5

Le genre des professions

masculin + **e** → féminin	un(e) professeur(**e**)
masculin = féminin	un(e) médecin un(e) journaliste
-**er** → -**ère**	un polic**ier** → une polic**ière**
-**teur** → -**trice**	un ac**teur** → une ac**trice** ! un chan**teur** → une chan**teuse**

1 🎧 095 Écoute. Lève la main droite si le mot est féminin. Lève la main gauche si le mot est masculin.

journaliste

2 a. Transforme au masculin ou au féminin.

Ex. : *Elle est pompière.* → *Il est pompier.*

a. C'est un vétérinaire.
   → C'est une ... .
b. Il est commerçant.
   → Elle est ... .
c. C'est une professeure.
   → C'est un ... .
d. Elle est actrice.
   → Il est ... .
e. C'est un policier.
   → C'est une ... .
f. Il est médecin.
   → Elle est ... .

b. 💬 **Par deux.** Ton/Ta camarade dit une profession. Tu donnes le masculin ou le féminin.

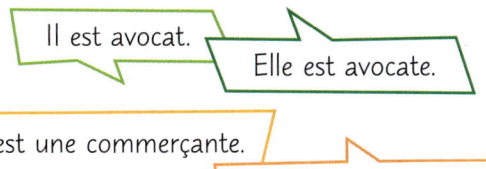

Il est avocat.
Elle est avocate.
C'est une commerçante.
C'est un commerçant.

Les pronoms toniques

Moi, je/j'...
Toi, tu...
Lui, il...
Elle, elle...
Nous, on... / **Nous**, nous...
Vous, vous...
Eux, ils...
Elles, elles...

! Les pronoms toniques s'utilisent aussi :
– après une préposition : à **vous**, avec **nous**, pour **eux**...
– avec *c'est* / *ce sont* : c'est **lui** / ce sont **elles**

3 💬 **Par deux. Choisis un pronom.**
Ton/Ta camarade dit la fin de la phrase.

Nous, • Elles, • Lui, • Eux, • Elle, • Toi,

a. ... c'est ta mère ?
b. ... ce sont de vraies héroïnes !
c. ... dans notre famille, on adore Batman !
d. ... tu préfères Marvel ou DC Comics ?
e. ... ils aiment bien Wonder Woman !
f. ... il est pompier ?

4 Complète avec le pronom tonique correct.

a. ..., elle ne sauve pas de vies mais c'est mon héroïne !

b. ... aussi, je préfère Spiderman à Batman !

c. Ma mère est policière, mais mon père, ..., est médecin.

d. Ça, c'est ta BD ? Elle est à ... ? Ah bon !

e. Et ... ? Ils font aussi des actions extraordinaires ?

f. Non, ..., on n'a pas de super-pouvoirs !

g. ..., ce sont mes héroïnes préférées !

soixante-sept 67

Grammaire et Verbes

L'accord des adjectifs

Rappel

| masculin + e → féminin | intelligent(e) |
| masculin = féminin | calme |

Autres formations

-if → -ive   actif → active
-eux → -euse   courageux → courageuse
-el → -elle   exceptionnel → exceptionnelle

! doux → douce
gentil → gentille
gros → grosse

5 🎧 096 Écoute les adjectifs. Tu entends le masculin, le féminin ou les deux ?

Ex. : calme → masculin et féminin.

6 Ulysse et Emma ont le même caractère. Lis la description d'Emma et fais la description d'Ulysse.

Emma est gentille, sensible et douce. Elle est aussi créative, généreuse et intelligente. Elle est très belle !

Ulysse est …

Les indéfinis quelqu'un (de/d') et quelque chose (de/d')

Quelqu'un → pour les personnes

Quelqu'un a la réponse ?

Quelque chose → pour les choses

Tu fais **quelque chose** demain ?

! quelqu'un / quelque chose + de/d' + adjectif masculin
C'est **quelqu'un de** généreux.
C'est **quelque chose d'**extraordinaire.

7 Complète les phrases avec *quelqu'un (de/d')* ou *quelque chose (de/d')*.

a. … va avec toi au Comic Con ?
b. Tu fais … , ce week-end ?
c. C'est … réel ou un personnage de fiction ?
d. Il est policier et il a toujours … intéressant à raconter !
e. On regarde … à la télé ?
f. Tu es … généreux, c'est bien !

très et beaucoup (de/d')

→ pour exprimer **l'intensité** :
très + adjectif ou adverbe

Ils sont **très courageux**.
Ils guident **très bien** les aveugles.

→ pour exprimer **la quantité** :
verbe + **beaucoup**

Ils aiment **beaucoup** le contact avec les humains.

beaucoup de/d' + nom

Ils ont **beaucoup de qualités**.
Ils ont **beaucoup d'**autres **qualités**.

8 Associe.

Ces chiens…

a. sauvent beaucoup   1. être avec des personnes.
b. sont très   2. calmes.
c. aiment beaucoup   3. bien leur travail.
d. font très   4. de personnes.
e. ont beaucoup   5. de courage.

Unité 5

9 Choisis l'option correcte.
   a. Tu as **beaucoup / beaucoup de** chats ?
   b. **Beaucoup d' / Beaucoup de** ados ont un animal de compagnie.
   c. Moi, je n'aime pas **beaucoup / très** les oiseaux. Et toi ?
   d. Ces animaux sauvent **très / beaucoup de** vies.
   e. C'est **beaucoup / très** généreux de prendre ces petits chiens avec toi !

L'accord des adjectifs de couleur

Règle générale

Singulier	Pluriel
noir / noire	noirs / noires
vert / verte	verts / vertes
gris / grise	gris / grises
jaune, rose, rouge	jaunes, roses, rouges

! Exceptions :

Masculin	Féminin
blanc	blanche
roux	rousse
violet	violette
châtain	châtain
marron	marron

Singulier	Pluriel
bleu	bleus
orange	orange
marron	marron

10 🎧 097 Écoute les adjectifs. Tu entends le masculin, le féminin ou les deux ?

11 Complète les phrases avec l'adjectif proposé. Fais l'accord si nécessaire.
   a. Ton héroïne préférée, c'est la fille (châtain) … ou la fille (roux) … ?
   b. Wonder Woman, elle a les yeux (bleu) … ou (marron) … ?
   c. Elle est (blanc) … ou (violet) … ?
   d. Mes yeux ne sont pas (gris) … mais (vert) … !
   e. J'aime bien ces lunettes (orange) … et (noir) … !
   f. Regarde ces poissons (rouge) … et (jaune) … : ils sont beaux !

PRONONCIATION : Les couples de voyelles

12 🎧 098 Écoute.
   – **o + i** se prononce [wa] : n**oi**r
   – **o + u** se prononce [u] : r**ou**x
   – (**e**) + **a + u** se prononce [o] : j**au**ne - b**eau**
   – **e + u** se prononce [ø] : bl**eu**
   – **e + u** se prononce [œ] : coul**eu**rs

13 a. Lis à voix haute.
   un n**ou**v**eau** super-p**ou**v**oi**r
   d**eu**x chev**au**x
   les y**eu**x n**oi**rs
   des chev**eu**x r**ou**x
   b**eau**c**ou**p d'anim**au**x s**au**v**eu**rs
   un **oi**s**eau** bl**eu** et un p**oi**sson r**ou**ge

   b. 🎧 099 Écoute pour vérifier.

Le verbe *pouvoir*

14 🎧 100 Écoute et répète.
   Je p**eu**x
   Tu p**eu**x
   Il/Elle/On p**eu**t
   Nous p**ou**vons
   Vous p**ou**vez
   Ils/Elles p**eu**vent

   ! Le verbe *pouvoir* est toujours suivi d'un verbe à l'infinitif :
   Tu **peux changer** le monde !

15 Complète les phrases avec le verbe *pouvoir*.
   a. Et toi, tu … changer le monde ?
   b. Vous aussi, vous … sauver des vies !
   c. Ces chiens … retrouver des personnes dans l'eau ?
   d. Sur ce site, on … faire un test sur les super-héros.
   e. Qu'est-ce qu'elle … faire avec ses super-pouvoirs ?
   f. Moi aussi, je … faire quelque chose d'extraordinaire !

Évaluation

Compréhension de l'écrit

1 a. **Lis le mail et réponds.** .../5

1. Qui est Felipe ?

 A

 B

 C

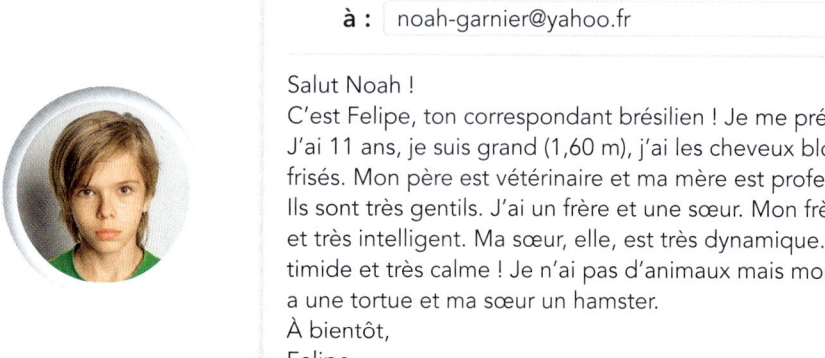

Salut Noah !
C'est Felipe, ton correspondant brésilien ! Je me présente.
J'ai 11 ans, je suis grand (1,60 m), j'ai les cheveux blonds, longs et frisés. Mon père est vétérinaire et ma mère est professeure de maths. Ils sont très gentils. J'ai un frère et une sœur. Mon frère est curieux et très intelligent. Ma sœur, elle, est très dynamique. Et moi, je suis timide et très calme ! Je n'ai pas d'animaux mais mon frère, lui, a une tortue et ma sœur un hamster.
À bientôt,
Felipe

2. Que font ses parents ? Associe. (Attention, il y a des intrus !)

   a. **Son père**   b. **Sa mère**

   aide les animaux • sauve des vies humaines • a des élèves • n'a pas de profession

3. Dans la famille de Felipe, qui est actif / active ?
4. Vrai ou faux ? Dans la famille de Felipe, il n'y a pas d'animaux.

Production orale

b. Tu enregistres un message audio sur WhatsApp pour ton/ta correspondant(e) francophone. Décris ton physique et ton caractère, parle de ta famille... .../5

Compréhension de l'oral

2 a. 101 Écoute Adam et Mila parler d'un concours sur les animaux. .../5

1. Vrai ou faux ? Adam et Mila participent à un concours sur leurs animaux de compagnie.
2. Comment est l'animal préféré d'Adam ?

 A  B  C  D

3. Quelles sont les qualités de l'animal préféré d'Adam ? sociable • intelligent • doux • curieux • calme
4. Quel est l'animal cité par Emma ?
5. Pourquoi est-ce qu'elle aime cet animal ?

Production écrite

b. Tu participes à un forum sur les animaux : « Quel est votre animal préféré ? »
Décris ton animal préféré : comment il est, ses qualités. (40 mots) .../5

RÉSEAUX SOCIAUX

Unité **6**

LEÇON 11
Apprenons à nous exprimer sur les réseaux sociaux pour échanger des messages.

LEÇON 12
Apprenons à donner des conseils et parler de l'amitié pour participer à un forum sur l'amitié.

Ressources +

- Culture et Citoyenneté : Internet et communication
- Mon cours d'informatique

LEÇON 11 — On fête les émojis !

Document 1

Journée mondiale des émojis

Le 17 juillet, sur toute la planète, on fête les émojis !

17 juillet

Leur inventeur, le Japonais Shigetaka Kurita, crée le mot « émoji » en 1999 à partir de deux mots : *e* (image) et *moji* (lettre).

Qui utilise aujourd'hui ces émojis ?
Tout le monde ! Eh oui, nous utilisons des émojis dans les SMS, les mails et sur tous les réseaux sociaux pour exprimer nos états d'âme. Par exemple, pour dire « Je suis content » ou « Je ne suis pas content ». Il y a beaucoup d'émojis différents.

Voici les émojis favoris des ados français.

Combien d'émojis est-ce que nous envoyons par jour ?
Dans le monde, nous envoyons 6 milliards (6 000 000 000 !!!) d'émojis par jour.
Combien de petites icônes est-ce que nous utilisons dans un message ?

---

1 Lis l'article.

a. De quoi il parle ? Choisis. (Plusieurs réponses possibles.)
1. De la Journée mondiale des émojis.
2. De l'origine du mot « émoji ».
3. Des émojis préférés des Japonais.
4. Des émojis préférés des ados français.

b. Réponds.
1. Que signifie le mot « émoji » ?
2. Pourquoi est-ce qu'on utilise des émojis ?

2 Relis. Vrai ou faux ? Justifie.
1. Beaucoup de personnes utilisent les émojis aujourd'hui.
2. On utilise des émojis sur deux réseaux sociaux.

3 a. Lis la réponse et retrouve la question dans l'article.

… ?   Six milliards.

b.  **En groupes.** Posez-vous des questions pour connaître le nombre d'émojis que votre groupe envoie par jour. Comparez avec les autres groupes.

… messages tu envoies par jour ?   … émojis tu utilises dans un message ?

L'adjectif indéfini *tout*

tout le monde
toute la planète
tous les réseaux sociaux

Combien et *Combien de/d'*

Combien… ?
Combien d'émojis… ?
Combien de petites icônes… ?

Le verbe *envoyer* : p. 81

Unité 6

Document 2 🎧 102

Max appelle Chloé au téléphone. Elle n'est pas contente...

4 Observe les photos et lis la phrase d'introduction. Qui téléphone à qui ?

5 🎧 102 Écoute et réponds.

a. Qui a un devoir de géographie à faire ? Choisis.

Chloé   Lola   Max

b. Quel émoji Chloé envoie à Max sur WhatsApp ? Pourquoi ?

1.   2.   3.

c. Quel est l'état d'âme des ados ? Associe et complète les phrases.

1. Lola et Chloé ne sont …
2. Max est …
3. Chloé est …

a.   b.   c.

Exprimer des états d'âme

Je (ne) suis (pas) content(e) !
Je suis en colère !
Je suis inquiet/inquiète !
Je suis triste !
Je suis désolé(e) !

Les nombres de 70 à 100

70   soixante-dix
80   quatre-vingts
90   quatre-vingt-dix

6 🎧 102 Réécoute et complète la fiche contact de Lola.

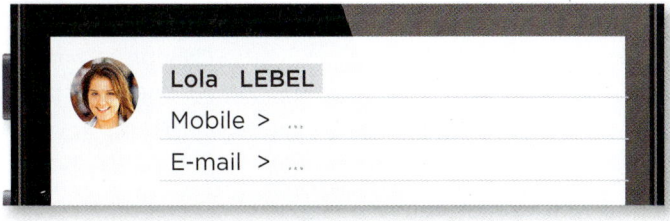

Donner une adresse mail

@ : arobase
. : point
- : tiret
en minuscules ≠ EN MAJUSCULES

7 ✏️💬 **Échangeons des messages !**

En groupes

a. Échangez vos numéros de téléphone et vos adresses mail.

> Mon numéro, c'est le…   Ok, et quelle est ton adresse mail ?

b. Rédigez vos messages.

c. Envoyez vos messages.

> Coucou ! Ça va ? Je suis contente. 😊
> J'ai une bonne note en maths !

> Salut ! Moi, je suis inquiet. 😟
> Ma note n'est pas super !

Carte mentale p. 76-77

soixante-treize 73

LEÇON 12 Ados et réseaux sociaux

Document 1 🎧 103

1 Observe et lis le site. Réponds.
1. Cette radio présente quelle émission ?
2. Qui est l'invitée ?

2 🎧 103 **Écoute l'émission.**
 a. Choisis. Charline Dugas :
1. présente les réseaux préférés des ados.
2. donne des conseils.
3. parle des émojis.

 b. Complète.
1. … % des garçons et … % des filles de 11 à 18 ans utilisent les réseaux sociaux.
2. Les ados français passent … par jour sur les réseaux sociaux.
3. Sur les réseaux sociaux, les ados … avec leurs amis, … des photos, … des vidéos.

3 a. 🎧 103 **Réécoute. Retrouve les cinq conseils de la spécialiste.**
 b. À quelle fréquence est-ce qu'on conseille…
• d'utiliser un pseudo ?
• de changer de mot de passe ?
• de partager ses photos avec tout le monde ?

 c. 💬 **Imagine deux autres conseils.**

4 💬 **En groupes. Faites un sondage sur les réseaux sociaux. Répondez aux questions et mettez en commun avec la classe.**

> À quelle fréquence tu utilises les réseaux sociaux ?

> Qu'est-ce que tu fais toujours, souvent, parfois sur les réseaux sociaux ?

> Qu'est-ce que tu ne fais jamais ?

Les réseaux sociaux

chatter
échanger / partager
publier / une publication
une appli = une application
une messagerie
un mot de passe
un pseudo

Les verbes en -ger : p. 81

L'impératif

Fais / Faites attention… !
Ne donne / donnez pas… !
Utilise / Utilisez… !
Change / Changez… !
Ne partage / partagez jamais… !

Exprimer la fréquence

toujours ➕
souvent
parfois
jamais ➖

Unité 6

Document 2

www.geoado.com

GEOADO | ACTUS | PARTICIPE | VOYAGES | ESPACE PROFS

 Par la rédac'
01 juillet 2020 à 12 h 01

Sujet : Tu as combien d'amis sur les réseaux sociaux : 50, 100… ?
Selon une enquête, on a 4 ou 5 vrais amis.

Et toi ? Tu as de vrais amis sur les réseaux sociaux ? Combien ? Qu'est-ce que tu fais avec eux ?

Hélo — Moi, j'ai deux vraies amies sur les réseaux sociaux : ma meilleure copine Zoé et ma cousine Noah. Ce sont aussi mes amies dans la vraie vie. Ensemble, on discute beaucoup et on rigole bien !

Gaby — J'ai 87 amis sur Instagram. Mais mes vrais amis, ce sont mes amis du collège, pas mes copains des réseaux sociaux !

Azzi — Moi, j'ai deux grands potes : Louis et Hugo. On est toujours ensemble et on partage la même passion : le rugby. On passe de bons moments. Je n'ai pas de compte sur les réseaux sociaux.

Polo — Pour moi, les vrais amis, ce sont les amis fidèles. Avec eux, on partage des moments importants. Les amis virtuels, ce sont des contacts sur les réseaux sociaux. Avec eux, on partage des photos ou des vidéos.

5 Observe le site Internet. Quel est le sujet du forum ?

6 Lis le forum. Décris chaque dessin. Utilise les mots et expressions de la boîte à outils.

> A. Azzi et ses potes partagent la même passion.

 A  B  C  D

L'amitié

un(e) ami(e)
un copain / une copine
un(e) pote

discuter
être toujours ensemble
partager la même passion
(bien) rigoler

7 Relis.

a. Réponds.
1. Qui est Zoé pour Hélo ?
2. Qui sont Louis et Hugo pour Azzi ?
3. Qui sont les vrais amis pour Polo ?
4. Qu'est-ce que Polo partage avec ses vrais amis ?

b. 💬 Et toi, qu'est-ce que tu fais avec tes ami(e)s ?

> On partage de bons moments et…

La place des adjectifs

les **vrais** amis
ma **meilleure** copine
deux **grands** potes
de **bons** moments
les amis **fidèles**
des moments **importants**

8 ✏️ **Participons à un forum sur l'amitié !**

En groupes
a. Réponds aux questions du forum (doc. 2).
b. Échangez vos réponses.
c. Conseillez vos camarades.

> Moi, j'ai beaucoup d'amis sur les réseaux sociaux parce que je discute avec mes vrais potes et aussi avec leurs amis !

> Fais attention ! Ne partage pas tes informations personnelles avec tout le monde.

 Carte mentale p. 76-77

soixante-quinze 75

Lexique et Communication

🎧 106 Donner un numéro de téléphone, une adresse mail

Quel est ton numéro de téléphone ?

▶ (Mon numéro,) c'est le 06 74 56 82 99.

Quelle est ton adresse mail ?

▶ (Mon adresse mail,) c'est lola-lebel@gmail.com. Tout en minuscules.

> @ : arobase
> . : point
> - : tiret
> _ : tiret bas ou *underscore*
> (tout) en minuscules ≠ (tout) EN MAJUSCULES

MOI ET

▶ 🎧 105 Les nombres de 70 à 100

70	soixante-dix	82	quatre-vingt-deux ...
71	soixante **et** onze	90	quatre-vingt-dix
72	soixante-douze	91	quatre-vingt-onze
73	soixante-treize ...	92	quatre-vingt-douze...
80	quatre-vingt**s**	99	quatre-vingt-dix-neuf
81	quatre-vingt-un	100	cent

Exprimer des états d'âme

1 🎲 **En groupes.** Le jeu des mimes.
Mime un état d'âme. Tes camarades devinent.

> Tu n'es pas contente !

Les nombres de 70 à 100

2 🎧 110 **Par deux.** Choisissez chacun(e) six numéros dans la grille. Écoutez le tirage au sort. Qui gagne ?

70	71	72	73	74	75
76	77	78	79	80	81
82	83	84	85	86	87
88	89	90	91	92	93
94	95	96	97	98	99

76 soixante-seize

Unité **6**

🎧 108 Exprimer la fréquence

une / deux fois par jour / par semaine / par mois

chaque jour = **tous les** jours
chaque semaine = **toutes les** semaines

toujours ▶ souvent ▶ parfois ▶ ne… jamais
ne… pas toujours / ne… pas souvent

🎧 107 Les réseaux sociaux

une application = une appli
un compte
un émoji
un message
une messagerie
un mot de passe
un pseudo
un youtubeur / une youtubeuse

chatter, un chat
commenter / laisser un commentaire
se connecter
échanger / partager
envoyer
poster
publier, une publication

LES RÉSEAUX SOCIAUX

🎧 104 Exprimer des états d'âme

- Je suis content(e) !
- Je ne suis pas content(e) !
- Je suis en colère !
- Je suis inquiet/inquiète !
- Je suis mort(e) de rire !*
- Je suis surpris(e) !
- Je suis triste !
- Je suis désolé(e) !

🎧 109 L'amitié

un(e) ami(e) fidèle
un (meilleur) copain / une (meilleure) copine
un(e) pote*

discuter
être toujours ensemble
passer de bons moments
partager la même passion
(bien) rigoler

*registre familier

Donner un numéro de téléphone, une adresse mail

3 🎧 111 Écoute et corrige les numéros de téléphone.

Ex. : 06 58 ~~99 76 80~~ → 06 58 **89 76 90**

a. 06 65 89 92 58
b. 07 91 78 21 67
c. 07 61 88 27 80
d. 04 78 55 82 19
e. 01 93 47 35 49

4 a. Par deux. Choisis une adresse mail et dis-la à ton/ta camarade. Il/Elle l'écrit.

a. lili-picot@gmail.com
b. p_laurent80@yahoo.fr
c. HUGODUPARC@orange.fr
d. vidal.noe76@hotmail.com

b. 🎧 112 **Écoutez pour vérifier.**

soixante-dix-sept **77**

Lexique et Communication

Les réseaux sociaux

5 **En groupes.** Le jeu des définitions.
Lisez les définitions et retrouvez le plus rapidement possible les mots correspondants. Quel groupe gagne ?

Ex. : *C'est un texte posté sur les réseaux sociaux.* → Une publication !

a. C'est une conversation sur les réseaux sociaux.
b. C'est un petit dessin. Il exprime un état d'âme.
c. C'est un faux nom.
d. C'est un code secret.
e. C'est une personne. Il/Elle fait des vidéos sur Internet.
f. C'est un petit texte écrit par mail ou par SMS.

Exprimer la fréquence

6 Transforme les phrases avec les mots suivants.

toujours • ne... jamais • souvent • parfois • n'... jamais

Ex. : Célestine envoie des émojis dans tous ses SMS. → Célestine envoie toujours des émojis dans ses SMS.

a. Timéo n'utilise pas son téléphone au collège.
b. Raphaëlle envoie des vidéos à ses copains une ou deux fois par mois.
c. Violette chatte avec ses amis quatre ou cinq fois par jour.
d. Mathias n'utilise pas les réseaux sociaux parce qu'il n'a pas de compte.
e. Valentin se connecte tous les jours sur les réseaux sociaux à 16 h 30.

L'amitié

7 a. Agathe parle de son amie Samia. Complète avec les mots suivants.

passions • moments • ensemble • discute • rigole • fidèle • meilleure • partage

Samia, c'est ma ... copine. On est toujours ... au collège et dans nos activités parce qu'on ... les mêmes ... : l'escalade et le dessin. On ... beaucoup et on passe de bons ... . Samia est drôle. Avec elle, je ... bien ! C'est une amie ... .
Agathe, 12 ans.

b. Écris une présentation de ton/ta meilleur(e) ami(e) sur le même modèle.

Grammaire et Verbes

Unité 6

L'adjectif indéfini *tout*

	Masculin	Féminin
Singulier	**tout** le monde	**toute** la planète
Pluriel	**tous** les réseaux sociaux	**toutes** ces icônes

! **tous** les jours, **toutes** les semaines (pour exprimer la fréquence)

! 🎧 113 Le -s de l'adjectif *tous* ne se prononce pas : Nous utilisons des émojis dans **tous** nos messages.

1 Complète avec *tout, toute, tous* ou *toutes*.

a. Le 17 juillet, on fête les émojis dans … les pays.
b. Il envoie des messages … la journée ?
c. Il y a des Journées mondiales … les jours de l'année.
d. … le monde utilise des émojis dans ses messages.
e. Tu as le numéro de téléphone de … tes copines ?
f. Ma mère change de smartphone … les dix ans.

2 💬 **Par deux. Choisis un mot et fais une phrase. Ton/Ta camarade transforme avec *tout, toute, tous* ou *toutes*.**

- ma famille
- mes copains
- la classe
- mes amies
- le monde
- la planète
- ces personnes

> Ma famille utilise des émojis.

> Toute ma famille utilise des émojis.

Combien et *Combien de/d'*

Tu envoies beaucoup d'émojis ? Combien ?

Combien + verbe

Combien (est-ce que) vous êtes dans ce groupe WhatsApp ?
Vous êtes **combien** dans ce groupe WhatsApp ?

Combien de/d' + nom

Combien de petites icônes (est-ce que) nous utilisons dans un message ?
Nous utilisons **combien d'**émojis par jour ?

3 Associe.

a. Tu envoies combien d'
b. Combien
c. Vous envoyez combien de
d. On est combien
e. Tu as combien d'

1. mails par jour ?
2. amis sur Facebook ?
3. est-ce que nous sommes dans notre groupe ?
4. émojis dans un message ?
5. dans la classe ?

4 🎧 114 **Écoute et écris la question correspondante.**

Ex. : *J'envoie trois émojis par message.*
→ *Combien d'émojis (est-ce que) tu envoies par message ?*
→ *Tu envoies combien d'émojis par message ?*

5 ✏️ **Par groupes. Écrivez trois questions avec *combien (de/d')*. Donnez vos questions à un autre groupe. Ils répondent.**

> Vous utilisez combien de réseaux sociaux dans votre groupe ?

> Nous utilisons cinq réseaux sociaux.

soixante-dix-neuf 79

Grammaire et Verbes

L'impératif

On utilise l'impératif pour donner des conseils ou des ordres.

	Présent de l'indicatif	Impératif
2e pers. sing.	Tu utilises	**Utilise**
1re pers. plur.	Nous utilisons	**Utilisons**
2e pers. plur.	Vous utilisez	**Utilisez**

	Présent de l'indicatif	Impératif
2e pers. sing.	Tu fais	**Fais**
1re pers. plur.	Nous faisons	**Faisons**
2e pers. plur.	Vous faites	**Faites**

Forme négative
Ne donnez **pas** d'informations personnelles !
Ne partagez **jamais** vos photos avec tout le monde !

6 🎧 115 Écoute. Tu entends le présent de l'indicatif ou l'impératif ?

> J'entends le présent de l'indicatif.

> J'entends l'impératif.

7 💬 Par groupes. Donne des conseils à un(e) camarade ou au groupe.
Ex. : *passer des heures sur ton/votre smartphone.*

> Ne passe pas des heures sur ton smartphone !

> Ne passez pas des heures sur votre smartphone !

a. écouter mes conseils
b. faire bien attention
c. ne pas utiliser toujours le même mot de passe
d. chatter seulement avec tes/vos amis
e. ne pas publier tes/vos informations personnelles
f. ne pas échanger des messages avec tout le monde

La place des adjectifs

En général, les adjectifs qualificatifs se placent **après** le nom :
les réseaux **sociaux**, les amis **fidèles**, des moments **importants**...

Mais certains adjectifs se placent **avant** le nom :
– les adjectifs numéraux : **deux** potes
– les adjectifs courts : mes **vrais** amis, la **même** passion, de **bons** moments...

! Quand l'adjectif est placé **avant** le nom, *des* → *de/d'* :
de bons moments

8 Choisis l'option correcte.
a. Que signifie cette (petite) icône (petite) ?
b. Nous regardons des (drôles) histoires (drôles) sur Internet.
c. Tu as combien d'amis dans la (vraie) vie (vraie) ?
d. Vous utilisez le (même) pseudo (même) sur toutes vos applications ?
e. Ça, c'est mon (préféré) site (préféré) !
f. Janice donne toujours de (bons) conseils (bons) !

9 Associe les noms et les adjectifs correspondants. Mets les adjectifs à la bonne place. (Plusieurs possibilités.)

10 🎲 Le jeu des adjectifs.
Par deux. Choisissez un adjectif et faites une phrase avec « *C'est un copain / une copine* ». Le / La plus rapide gagne un point.

> C'est une bonne copine !

Unité 6

PRONONCIATION — Le son [ã]

Le son [ã] peut s'écrire :
– en (en, em) : mom**en**t, ex**em**ple
– an (an, am) : gr**an**d, ch**am**pionne

11 a. Lis et prononce les phrases. Combien de fois il y a le son [ã] dans chaque phrase ?
1. Nous envoyons soixante messages par jour.
2. Nous passons de bons moments ensemble !
3. Jean et Manon sont contents ou inquiets ?
4. J'utilise trente émojis différents.
5. Change souvent de mot de passe !

b. 🎧 116 Écoute pour vérifier.

Le verbe *envoyer*

12 🎧 117 Écoute et répète.

| J'envo**i**e |
| Tu envo**i**es |
| Il/Elle/On envo**i**e |
| Nous envo**y**ons |
| Vous envo**y**ez |
| Ils/Elles envo**i**ent |

13 Transforme les phrases.
a. Tu envoies un mail ?
→ Vous … ?
b. Ma grand-mère envoie beaucoup de messages.
→ Mes grands-parents … .
c. On envoie des milliards d'émojis chaque jour.
→ Nous … .
d. Tu envoies cette photo à qui ?
→ J'… ?
e. Elle envoie un émoji à son ami.
→ Il … ?
f. Vous envoyez beaucoup de messages ?
→ Tu … ?

Les verbes en *-ger* (partager)

14 🎧 118 Écoute et répète.

| Je partage |
| Tu partages |
| Il/Elle/On partage |
| Nous partag**e**ons |
| Vous partagez |
| Ils/Elles partagent |

Autres verbes comme *partager* : *changer, échanger, télécharger*…

15 **En groupes.** Vous avez cinq minutes pour écrire le maximum de phrases avec les mots des deux listes. Comparez avec un autre groupe.

| Je | Tu | Anaïs | Mes amis |
| Vous | Loïs et moi |

échanger   partager
changer   télécharger

Ex. : *Tu télécharges une vidéo.*

PRONONCIATION — Les sons [ʃ] et [ʒ]

Le son [ʃ] s'écrit « ch » : **ch**anger

Le son [ʒ] s'écrit :
– **j** : **j**amais, **j**eune, émo**j**i, tou**j**ours, ma**j**uscule…
– **g** : ima**g**e, ori**g**ine, **g**ymnase…

! g (+ -a, -o, -u) se prononce [g] : garçon, rigoler, dialogue

16 a. 🎧 119 Écoute. Tu entends le son [ʃ] ou le son [ʒ] ?
Ex. : *Il échange.*

b. Prononce les mots suivants.
j'imagine • vous téléchargez • un sondage • Hugo • un jeu • longue • un jour • partager

c. 🎧 120 Écoute pour vérifier.

Évaluation

Compréhension de l'écrit

1 📖 **Lis l'article.** .../5

a. Associe chaque conseil du texte à un dessin. (1 point)

b. Vrai ou faux ? Justifie. (4 points)
1. Pour être ami(e)s, c'est nécessaire d'aimer les mêmes choses.
2. Les ami(e)s, c'est bien pour rigoler, mais pas pour parler de ses problèmes.
3. Les meilleurs moments entre ami(e)s sont dans la vraie vie.
4. Les ami(e)s sont très important(e)s pour soixante-six pour cent des filles.

Comment être un super groupe d'ami(e)s ?

Conseil n°1 :
Ne changez pas votre personnalité !
Être ami(e)s, c'est souvent partager les mêmes passions, mais c'est aussi être des personnes différentes ! On peut être ami(e)s quand on n'aime pas les mêmes choses !

Conseil n°2 :
Discutez ensemble !
C'est important de partager ses états d'âme avec ses ami(e)s. Ils/Elles sont là pour écouter !

Conseil n°3 :
Rigolez et passez de bons moments !
Échanger sur les réseaux sociaux avec les ami(e)s, c'est sympa, mais faites attention ! Ce sont des échanges virtuels ! Les meilleurs moments sont les vraies expériences de la vie !

Pour 63 % des garçons et 76 % des filles, les ami(e)s sont important(e)s dans la vie !

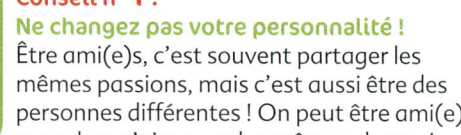

17

Production écrite

c. ✏️ Tu postes un message sur le blog du magazine. Réponds à la question « Les ami(e)s sont important(e)s dans la vie ? » et raconte ton histoire d'amitié. (50 mots) .../5

Compréhension de l'oral

2 a. 🎧 121 **Éliot participe à une enquête sur les émojis. Écoute et réponds.** .../5
1. À quelle fréquence est-ce qu'il utilise les émojis ? Pourquoi ?
2. Vrai ou faux ? Il utilise des émojis avec tous ses amis et toute sa famille.
3. Associe.

Eliot n'est jamais...   a. 😠
Il n'est pas souvent...   b. 😅
Il préfère l'émoji...   c. 🙁

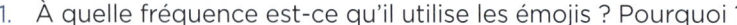

Production orale

b. 💬 **Par deux.** Pose des questions à ton/ta camarade sur son utilisation des émojis. Puis réponds à ses questions. .../5

« Tu utilises souvent les émojis ? »   « Oui, dans tous mes messages ! »

Ressources +

Unité 1
Vidéo (Leçon 1 – Document 2) 84
Culture et Citoyenneté • Gestes et salutations 86
Mon cours d'arts plastiques 88

Unité 2
Culture et Citoyenneté • Noms, familles et origines 90
Mon cours de géographie 92

Unité 3
Vidéo (Leçon 6 – Document 1) 94
Culture et Citoyenneté • Le sport, loisir préféré des ados français 96
Mon cours d'EPS 98

Unité 4
Culture et Citoyenneté • Le collège en France 100
Mon cours de mathématiques 102

Unité 5
Vidéo (Leçon 10 – Document 2) 104
Culture et Citoyenneté • Les animaux de compagnie des Français 106
Mon cours de SVT 108

Unité 6
Culture et Citoyenneté • Internet et communication 110
Mon cours d'informatique 112

Vers le DELF A1 114

Précis de grammaire 122

Vidéo

Leçon 1 - Document 2

1 Observe la capture d'écran. Qu'est-ce que tu vois ? (Plusieurs réponses possibles.)
1. un garçon
2. une fille
3. un skate

2 Regarde la vidéo sans le son. Choisis.
Le garçon présente…
1. un blog.
2. une classe.
3. un copain.
4. une copine.
5. des objets.

3 Regarde la vidéo avec le son.
  a. Associe.
  1. Benaoui   2. Amir
  a. un prénom   b. un nom

  b. Et toi, comment tu t'appelles ? Présente-toi comme Amir.

Se présenter

Je m'appelle…
Mon prénom, c'est…
Mon nom, c'est…

Le verbe *s'appeler* : p. 21

Unité 1

4 Regarde encore.

a. Complète les expressions de la boîte à outils avec les mots suivants.

> mon skate   des copains   Théo   Léa

Présenter quelqu'un
Je vous présente…
Voici…
C'est…

b. Le jeu des prénoms.

Dis le maximum de prénoms de tes camarades en 10 secondes.

> Je m'appelle Claudia et voici Andrea, Tom, Agathe…

c. Quel objet représente chaque ado ?

Amir : un …

Les articles indéfinis
un skate
une casquette
des lunettes

Théo : …

Léa : …

5 Faisons connaissance !

Carte mentale p. 16-17

En groupes

a. Présentez-vous. > Nous nous appelons…

b. Choisissez un objet qui vous représente et présentez vos objets à la classe. > Voici nos objets : …

c. La classe associe les objets aux élèves. > Greta : un livre !

Culture et Citoyenneté

1 Observe la capture d'écran. La vidéo parle des manières de :
- dire bonjour,
- dire au revoir,
- en France.
- dans le monde.

2 Regarde la vidéo. Associe les façons de saluer aux pays de la liste.

Les personnes ont un contact physique.

Les personnes se font la bise.

- la France
- les États-Unis
- la Thaïlande
- l'Autriche
- le Japon
- la Nouvelle-Zélande
- l'Italie

Doc. 1

Les salutations informelles

➤ Pour saluer un(e) ami(e) ou une personne de sa famille : « Bonjour ! », « Salut ! » ou « Coucou ! ».
➤ Pour prendre congé : « Au revoir ! », « Salut ! », « Tchao ! », « À plus ! », « À demain ! ».

Les gestes

La bise — Le check — Le signe de la main

1 Mime différentes manières de saluer dans le monde.

2 Lis les documents et réponds.
   a. **(Doc. 1)** Cite deux gestes pour saluer un(e) ami(e).
   b. **(Docs. 1 et 2)** Quelles personnes tu salues de manière informelle ? et de manière formelle ?

Gestes et salutations

Unité 1

Doc. 2
Les salutations formelles

➤ Pour saluer un(e) adulte, un(e) professeur(e)... :
« Bonjour ! » le matin et « Bonsoir ! » après 17 heures.

➤ Vous rencontrez une personne pour la première fois :
« Enchanté(e) ! ».

➤ Pour prendre congé :
« Au revoir ! », « Bonsoir ! », « À bientôt ! » ou « À demain ! ».

Les gestes

Serrer la main

Bonjour madame. Enchanté !

Doc. 3
Nombre de bises ?

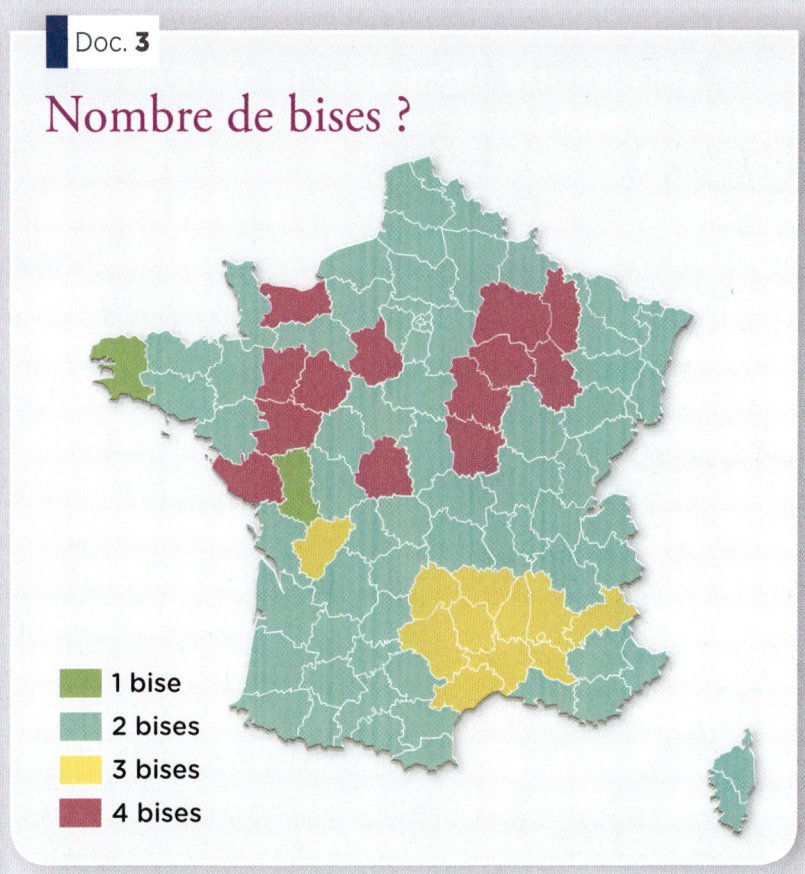

- 1 bise
- 2 bises
- 3 bises
- 4 bises

COMPÉTENCES citoyennes

« Tu » ou « vous » ?

➤ À un(e) adulte, à un(e) professeur(e) : « Vous... »

➤ À un(e) ami(e), à une personne de sa famille : « Tu... »

Associe les phrases et les personnes.

1. Vous pouvez répéter, s'il vous plaît ?
2. Tu peux répéter, s'il te plaît ?
3. Ça va, merci. Et toi ?
4. Comment allez-vous ?

à un(e) ami(e)

à un(e) professeur(e)

---

c. **(Doc. 2)** Le mot utilisé le soir, pour saluer de façon formelle, c'est...

d. **(Doc. 2)** Quel est le geste pour saluer un(e) adulte ?

e. **(Doc. 3)** En général, quel est le nombre de bises en France ?

3. **En groupes.** Quelle est ta manière préférée de saluer tes ami(e)s ? Compare avec tes camarades.

Mon cours d'arts plastiques

> **J'apprends à nommer le matériel.**

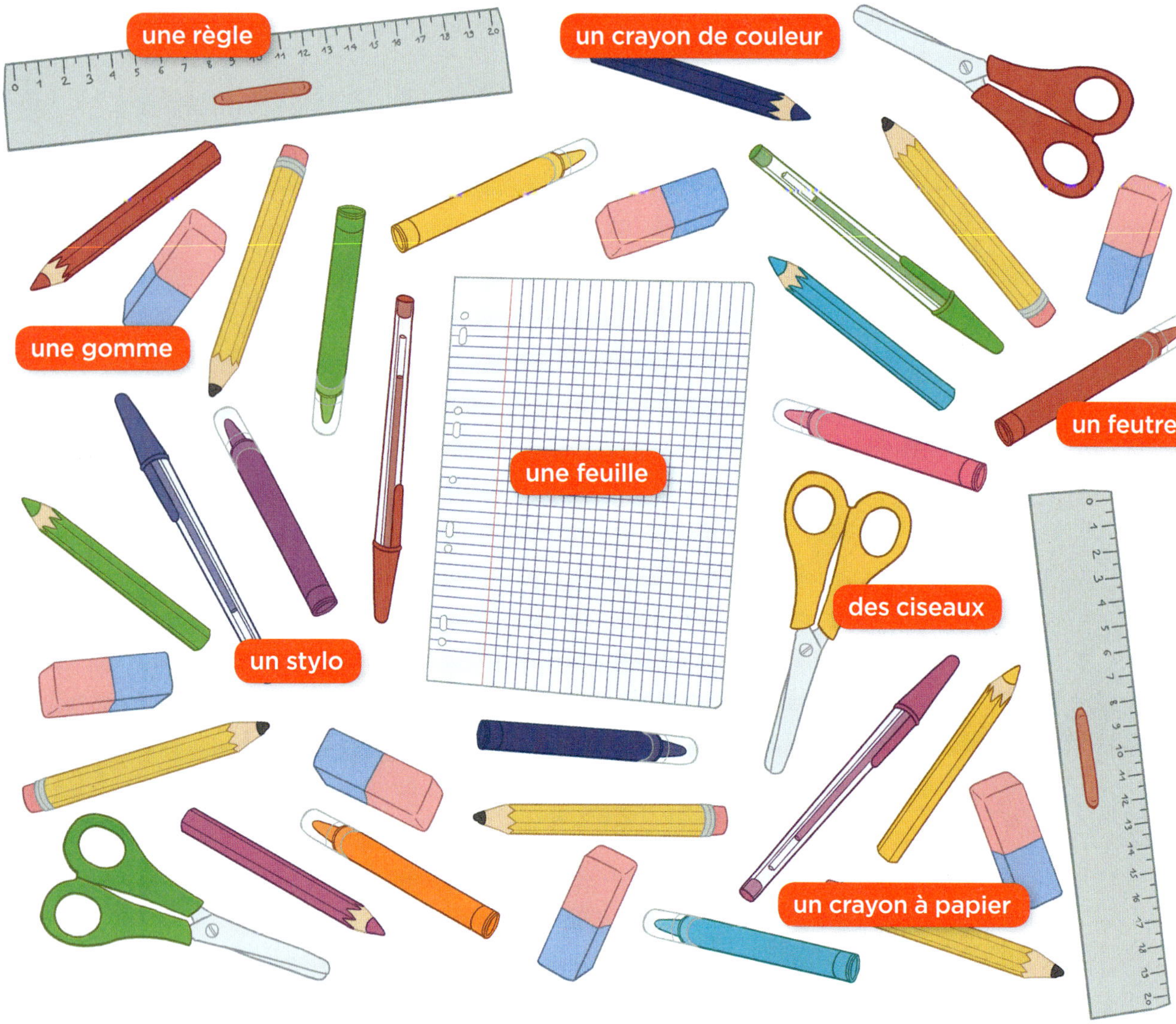

- une règle
- un crayon de couleur
- une gomme
- une feuille
- un stylo
- un feutre
- des ciseaux
- un crayon à papier

1 Observe le dessin.

    a. 🎧 122   Écoute. Quels mots tu entends ?

    b. 💬   Par deux. Dis un nombre. Ton/Ta camarade compte les objets et trouve l'objet correspondant.

    — Trois !   — Des ciseaux.

2 🎲 Par deux. Le jeu du matériel dans mon sac.
Choisis cinq objets dans ton sac. Ton/Ta camarade gagne un point par objet deviné.

    — Une gomme ?   — Non !

Unité 1

▸ J'apprends à nommer des techniques.

3 a. Observe la photo. Quelle est la technique ?

le crayon à papier   le crayon de couleur   le feutre   la peinture   le stylo

b. Associe les techniques de l'activité **a.** aux dessins.

1

2

3

4

5

4 Le jeu des objets dessinés.

a. Choisis un objet de la liste. Dessine l'objet avec la technique de ton choix (activité **3**).

un casque audio   une casquette   un livre   une montre   un sac à dos

un skate   une trottinette   des lunettes

b. Avec la classe. Affichez vos dessins.

c. Dis une technique. Un/Une camarade compte les objets dessinés avec cette technique et les nomme. La classe corrige si nécessaire.

Le feutre !

Trois objets : deux casques audio et un skate !

Culture et Citoyenneté

Doc. 1

Des noms de famille variés

▶ En France, les enfants ont en général le nom de famille de leur père. Mais ils ont parfois le nom de famille de leur mère ou de leurs deux parents.

▶ Le Top 10 des noms de famille en France :

1. Martin
2. Bernard
3. Thomas
4. Petit
5. Robert
6. Richard
7. Durand
8. Dubois
9. Moreau
10. Laurent

De nombreux noms de famille sont aussi des prénoms !

COMPÉTENCES citoyennes

La carte nationale d'identité

Associe les informations suivantes aux parties de la carte d'identité.

Lyon • Bossard • 24.06.2005 • Emma • F

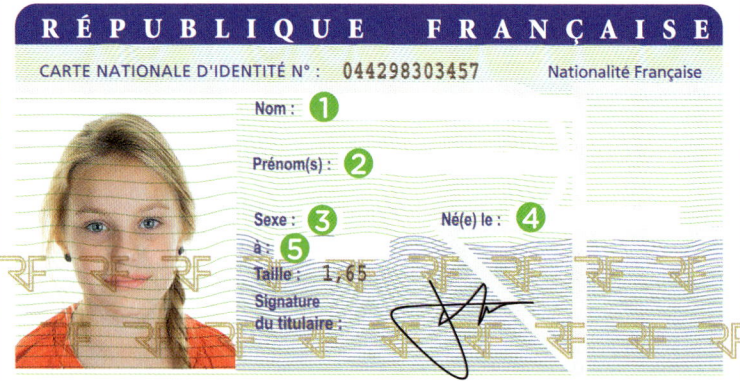

1. Dans ton pays, quel est le Top 3 des noms de famille ?

2. Lis les documents et réponds.
   a. (Doc. 1) En France, les enfants ont le nom de famille de : leur père. • leur mère. • leurs deux parents.
   b. (Doc. 1) Quel est le Top 3 des noms de famille en France ?

Noms, familles et origines

Unité 2

Doc. 2

BIGFLO et OLI

Camélia JORDANA

Timothée CHALAMET

Des familles aux origines diverses

Des millions de Français ont des origines étrangères : leurs parents ou leurs grands-parents ne sont pas français. Zoom sur des personnalités françaises.

Les rappeurs **BIGFLO et OLI** (Florian et Olivio Ordonez) sont frères. Leur père est argentin et leur mère est française d'origine algérienne.

Camélia **JORDANA** est actrice et chanteuse. Ses grands-parents sont algériens.

Timothée **CHALAMET** est un acteur franco-américain. Son père est français et sa mère est américaine.

Les mots d'origine étrangère

1 Observe la capture d'écran. À ton avis, la vidéo parle de mots :

- français
- d'origine étrangère
- d'origine française

2 Regarde la vidéo et réponds.
a. Cite deux mots italiens utilisés en français.
b. Quelle est l'origine des mots « zéro » et « couscous » ?
c. Ces mots sont dans le dictionnaire français. Vrai ou faux ?

---

c. **(Doc. 2)** Quelles sont les origines de Bigflo et Oli ?
d. **(Doc. 2)** Quel est le pays d'origine des grands-parents de Camélia Jordana ?
e. **(Doc. 2)** Quelles sont les nationalités de Timothée Chalamet ?

3 Présentez les origines d'une personnalité de votre pays.

Mon cours de géographie

> **J'apprends à nommer des pays et des langues du monde.**

1 🎧 123 Lis et écoute les noms des pays. Montre-les sur la carte. Attention, il y a des intrus !

le Mexique • le Royaume-Uni • l'Australie • la Russie • l'Inde • l'Égypte • la Chine • le Canada • la France • l'Espagne

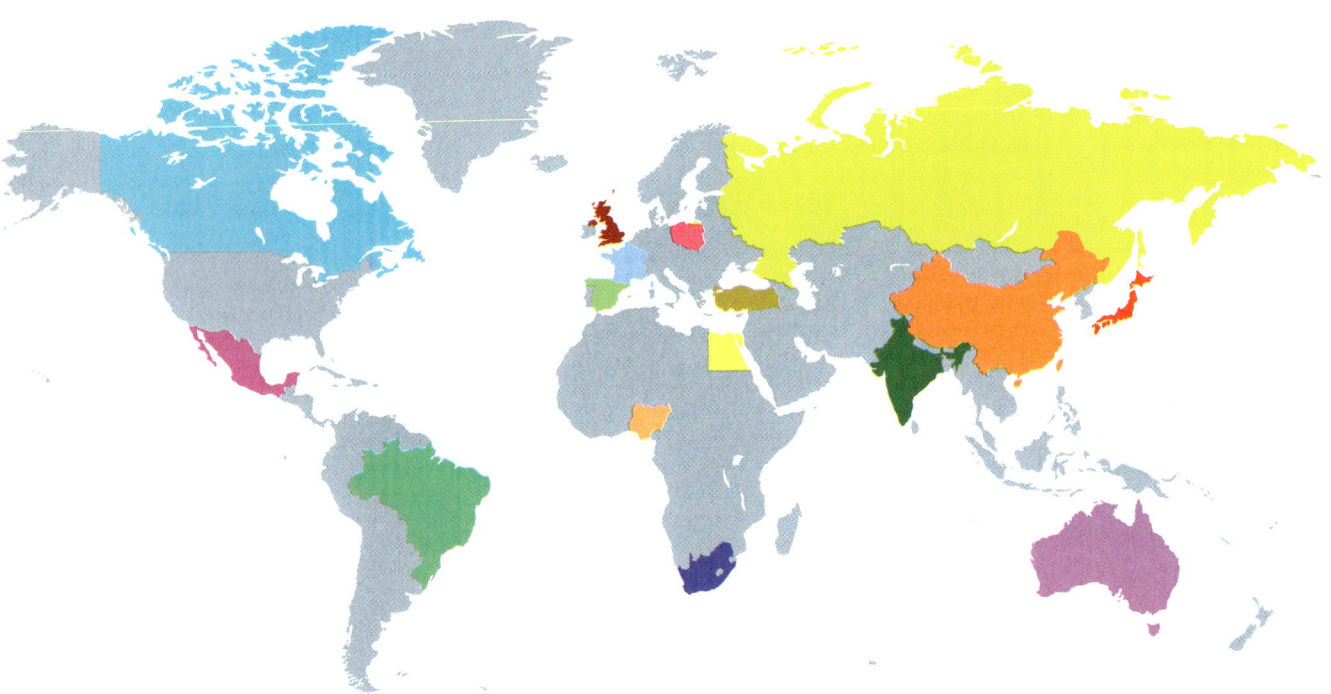

2 a. 🎧 124 Écoute et lis. Associe le nom des langues aux bulles.

le français • l'anglais • l'arabe • le hindi • le mandarin • l'espagnol

1 Hello!
2 ¡Hola!
3 Bonjour !
4 مرحباً!
5 नमस्ते
6 你好

b. Associe les langues aux pays de l'activité **1**. (Plusieurs possibilités.)

> L'anglais, c'est la langue du Royaume-Uni et…

Unité **2**

➤ J'apprends à nommer des capitales.

3 a. 🎧 125 Écoute et lis. Associe les capitales aux pays de l'activité **1**. Attention, il y a des intrus !

`Paris` `Athènes` `Moscou` `Amsterdam` `New Delhi` `Londres` `Madrid` `Brasilia`
`Bruxelles` `Pékin` `Ottawa` `Le Caire` `Canberra` `Mexico` `Rome`

> Paris, c'est la capitale de la France !

b. Les intrus de l'activité **3a** sont les capitales de quels pays ?

c. Observe les photos. Nomme les capitales correspondantes.

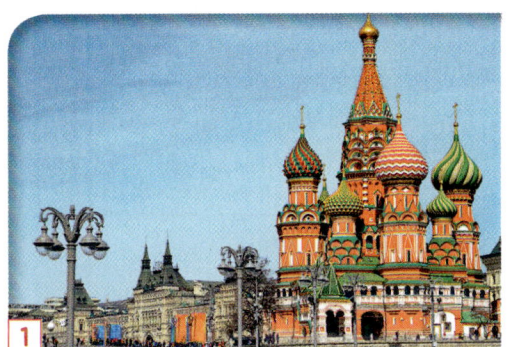
1

2

3

4

4 🎲 **En groupes.** Le jeu des pays.

a. Faites la liste de tous les pays de l'unité 2.

b. Écrivez sur des papiers le nom de chaque pays, sa capitale et les langues parlées.

c. Tire au sort un papier et dis le pays. Tes camarades trouvent la capitale et les langues parlées.

Vidéo

1 Observe le site. Quel est le sujet de la vidéo ?

2 🎬 **Regarde la vidéo sans le son.**
   a. Vrai ou faux ?
   1. La vidéo pose trois questions.
   2. La vidéo propose trois réponses.

   b. Lis la boîte à outils et associe.

   `C'est une réponse.`   `C'est une question.`

   > *Pourquoi ? / Parce que*
   >
   > **Pourquoi** c'est important de... ?
   > **Parce que** c'est bon pour...

3 🎬 Regarde la vidéo avec le son. Relève les trois réponses.

Unité **3**

4 Regarde encore la vidéo.

a. Trouve le nom des activités.

 1
 2
 3

Les sports
la danse (danser)
l'escalade
le foot
le jogging (courir)
la marche (marcher)
la pétanque
la randonnée
le rugby
le ski
le vélo

b. Observe les dessins. Quels sports fait le personnage ?

Il fait du vélo.

Faire de et jouer à + article

Faire **du** sport.
 de la randonnée.
 de l' exercice.
Jouer **au** foot.
 à la pétanque.

Le verbe *faire* : p. 45

 1
 2
 3
 4
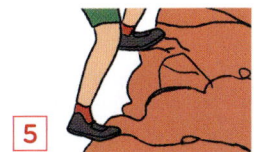 5
 6

5 Dans la classe, qui fait le même sport que toi ? Expliquez pourquoi vous faites ce sport.

Pia, Ugo et moi, nous faisons du basket parce que nous adorons les sports d'équipe.

Culture et Citoyenneté

1. Observe la capture d'écran. À ton avis, quel est le sport pratiqué ?

2. Regarde la vidéo et réponds.
   a. De quels sports parlent les ados ?
      le roller — la natation — le jogging — le fitness — l'aïkido
   b. Quel sport fait une des filles avec un membre de sa famille ? Avec qui ?

Doc. 1

L'EPS[1] au collège

En France, les collégiens font trois ou quatre heures de sport par semaine. Ce sont des sports individuels comme l'escalade (1), la natation (2), la course. Ce sont aussi des sports collectifs comme le basket-ball, le rugby ou le badminton (3). En cours d'EPS, ils font aussi des sports originaux comme les arts du cirque (4).

[1] Éducation physique et sportive.

1. Observe les photos. Quels sports tu connais ? Est-ce que tu pratiques ces sports dans ton collège ?

2. Lis les documents et réponds.
   a. (Doc. 1) En France, les collégiens font deux heures de sport par semaine. Vrai ou faux ?
   b. (Doc. 1) Cite trois sports individuels pratiqués au collège.

Le sport, loisir préféré des ados français

Unité 3

Doc. 2

ÇA AUSSI, c'est du sport !

30 % des ados français font des exercices de musculation à la maison avec des applis sur leur smartphone. Ils aiment aussi faire de l'eSport.

Doc. 3

Les sports de rue

Dans la rue et dans les skateparks, le roller, le skateboard, la trottinette et le parkour sont des sports populaires. Faire du parkour, c'est courir, sauter ou escalader des obstacles dans la ville.

COMPÉTENCES citoyennes

Le handisport

Les handisports sont des sports pratiqués par des personnes en situation de handicap physique, visuel, auditif... La Fédération française HandiSport organise des compétitions nationales et internationales.

Associe les photos aux handisports suivants.

- le basket-fauteuil
- le volley-ball assis
- l'athlétisme handisport
- le cécifoot

A B C D

c. **(Doc. 2)** Quels sports est-ce que les ados pratiquent à la maison ?
d. **(Doc. 3)** Quels sports de rue est-ce que les ados pratiquent ?
e. **(Doc. 3)** Les ados pratiquent ces sports dans quel autre lieu ?
   dans un skatepark • à la maison • dans un club • au collège

3 💬 **En groupes.** Quels eSports et quels sports de rue pratiquez-vous ? Comparez avec les autres groupes.

quatre-vingt-dix-sept **97**

Mon cours d'EPS

> **J'apprends à décrire des actions sportives.**

1 a. Quelles actions tu peux faire en cours d'EPS ? Trouve l'intrus.

courir   **danser**

escalader   **lancer**

nager   **cuisiner**   **sauter**

b. Associe les actions de l'activité **a.** aux photos.

1

2

3

4

5

6

c. 🎲 **En groupes.** Le jeu du mime.
Mime une action. Tes camarades devinent le plus rapidement possible.

Sauter !

98   quatre-vingt-dix-huit

Éducation physique et sportive

Unité 3

> **J'apprends à nommer des équipements sportifs.**

2 a. Observe. Associe les équipements aux dialogues.

1 un panier

2 des balles

3 un maillot de bain

4 une raquette

5 un filet

6 un ballon

a. – Nous jouons au foot ?
   – D'accord ! Tu as un … ?

b. – Oh le beau … !
   – Trois points ! Tu es champion, au basket !

c. – Monsieur, nous n'avons pas de … pour jouer au tennis !
   – Elles sont là !

d. – Aujourd'hui, nous avons natation, non ?
   – Oh ! Je n'ai pas mon … !

e. – Regarde ma nouvelle … de tennis !
   – Wouah ! Elle est super !

f. – Je déteste installer le … de tennis !
   – Moi j'aime bien !

b. 🎧 126 Écoute pour vérifier.

c. 💬 **En groupes.** Choisis un équipement. Dis quel(s) sport(s) tu fais avec cet équipement. Tes camarades devinent.

> Avec cet équipement, je fais de la marche, de la randonnée et du tennis.

> Des baskets !

3 🎲 Le jeu des devinettes sportives.
   a. Par deux. Choisissez un sport et faites sa fiche technique.
   b. En groupes. Vos camarades devinent le ou les sports.

Sport : ☐ individuel • ☒ d'équipe
Nombre de participant(e)s : 15
Équipement(s) : un ballon
Actions : lancer, courir, sauter

> Le rugby !

quatre-vingt-dix-neuf **99**

Culture et Citoyenneté

Doc. 1

Un collège pour tous

En France, les adolescents vont au collège de 10-11 ans à 13-14 ans. Il y a quatre classes au collège : la sixième (6e), la cinquième (5e), la quatrième (4e) et la troisième (3e). Les collégiens français vont à l'école 26 heures par semaine et étudient dix ou onze matières. Voici l'emploi du temps d'une classe de 6e :

Collège Camille-Claudel - Emploi du temps des 6es A

	Lundi	Mardi	Mercredi	Jeudi	Vendredi
8h00	Français		Français		Histoire-géographie
9h00		Histoire-géographie	Anglais	Étude	Étude
10h00	Mathématiques	Mathématiques	Histoire-géographie	EPS	Anglais
11h00	Arts plastiques	Sciences physiques	Mathématiques		Sciences de la vie et de la Terre
12h00	Pause déjeuner				
13h30	EPS	Anglais		Étude	Mathématiques
14h30		Technologie		Sem. 1 SVT / Sem. 2 Sc. physiques	Sem. 1 Français / Sem. 2 Mathématiques
15h30	Vie de classe	Éducation musicale		Anglais	
16h30				Français	

1 Observe la capture d'écran. De quoi parle la vidéo ?

2 Regarde la vidéo et retrouve…

a. le nombre de semaines de vacances dans les pays suivants :

[la France] [la Suède et la Pologne]
[le Danemark, les Pays-Bas et l'Angleterre]
[l'Espagne et le Portugal] [l'Italie]

b. dans quel pays il y a, par an :

[200 jours d'école ?] [162 jours d'école ?]

---

1 Dans ton collège, vous avez combien d'heures de cours par semaine ?

2 Lis les documents et réponds.

a. (Doc. 1) Il y a combien d'années de collège en France ?

b. (Doc. 1) Les élèves de 6e ont combien d'heures de cours par semaine ?

Le collège en France

Unité 4

Doc. 2

Un stage de découverte

En classe de 3e, les élèves français font un stage de trois à cinq jours dans une entreprise.
Les élèves découvrent le monde du travail et trouvent des idées pour leur future profession.

COMPÉTENCES citoyennes

Les délégués de classe

Au collège, en début d'année, les élèves choisissent leurs délégué(e)s. Il y a un(e) délégué(e) par classe. Son rôle est de représenter les élèves devant les professeurs, les parents d'élèves et la direction du collège, par exemple pendant le conseil de classe[1].

1 Lis le texte. Un(e) délégué(e) de classe, c'est :
un(e) élève • un(e) professeur(e) • un parent d'élève

2 Quel est le rôle du/de la délégué(e) de classe ?
_____

[1] Réunion des professeurs d'une classe pour parler des élèves et de la vie de la classe.

Doc. 3

Un espace numérique de travail

Les collèges français ont un espace numérique de travail (ENT). C'est un espace pour :
- **les élèves** ▶ ils regardent leur emploi du temps et leurs devoirs.
- **les parents** ▶ ils regardent les notes et les devoirs de leur enfant.
- **les professeurs** ▶ ils donnent les devoirs, des documents ou des cours.
- **les parents, les élèves et les professeurs**
  ▶ ils communiquent ensemble.

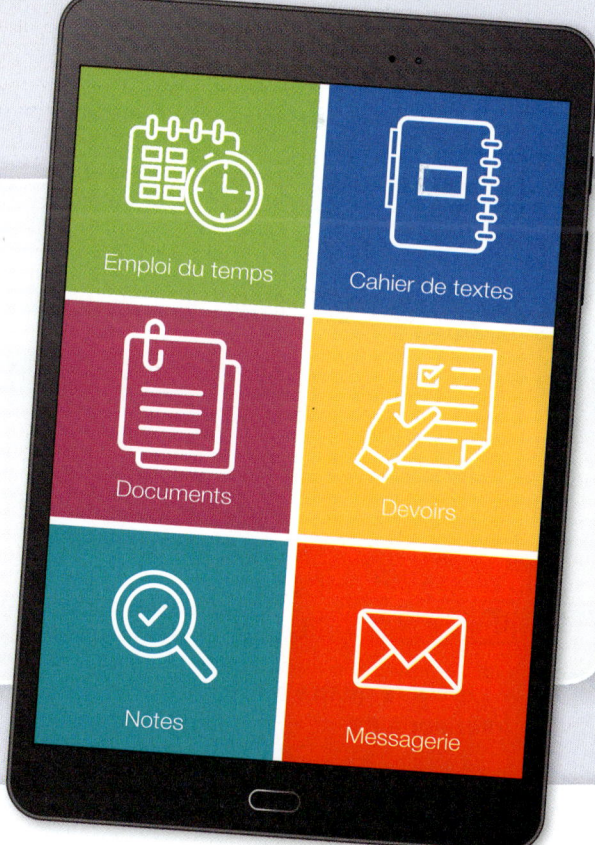

c. **(Doc. 2)** Que font les élèves de 3e ? Pourquoi ?
d. **(Doc. 3)** Qui utilise l'espace numérique de travail ?
e. **(Doc. 3)** Que font les élèves avec leur espace numérique de travail ? et les professeurs ?

3 Comparez la vie au collège en France et dans votre collège.

Mon cours de mathématiques

> **J'apprends à formuler des opérations mathématiques.**

1 a. Observe et associe les heures à leur équivalent.

1.  = huit heures dix

2. = neuf heures moins le quart

3.  = une heure

4. 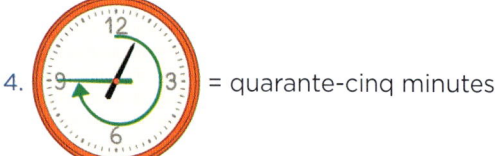 = quarante-cinq minutes

trois **fois** quinze minutes

huit heures **plus** dix minutes

un jour **divisé par** vingt-quatre heures

neuf heures **moins** quinze minutes

b. 🎧 127 Écoute pour vérifier.

c. Observe les symboles mathématiques et dis leur nom.

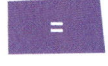  

2 🎲 En groupes. Le jeu du calcul mental.

a. Prépare quatre opérations (une pour chaque symbole mathématique). Le résultat doit être inférieur à 69.

b. Dis tes opérations à tes camarades. Ils/Elles trouvent le résultat le plus rapidement possible.

Trois fois douze ? Trente-six !

Unité 4

> **J'apprends à formuler des fractions.**

3 a. Associe les fractions équivalentes.

un quart   deux tiers   trois quarts   un tiers   un demi

$\frac{1}{3}$ $\frac{1}{2}$ $\frac{1}{4}$ $\frac{3}{4}$ $\frac{2}{3}$

Ex. : *un quart = $\frac{1}{4}$ ...*

b.  Écoute pour vérifier.

c. **Par deux.** Dis une fraction à ton/ta camarade. Il/Elle dessine un schéma comme dans l'exemple.

Deux tiers !

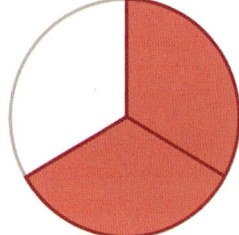

4 **En groupes.** Lisez les problèmes. Dites les opérations et calculez les résultats. Comparez avec les autres groupes.

a. Dans un collège, il y a 18 salles de classe. Les deux tiers des classes ont des tableaux numériques. Quel est le nombre de classes avec un tableau numérique ?

Il y a ... classes avec un tableau numérique dans ce collège.

b. Dans une classe de 6e, les élèves ont des cours de trois quarts d'heure. Cette semaine, ils ont 20 séances de cours. Combien d'heures de cours est-ce qu'ils ont ?

Ils ont ... heures de cours cette semaine.

cent trois 103

Vidéo

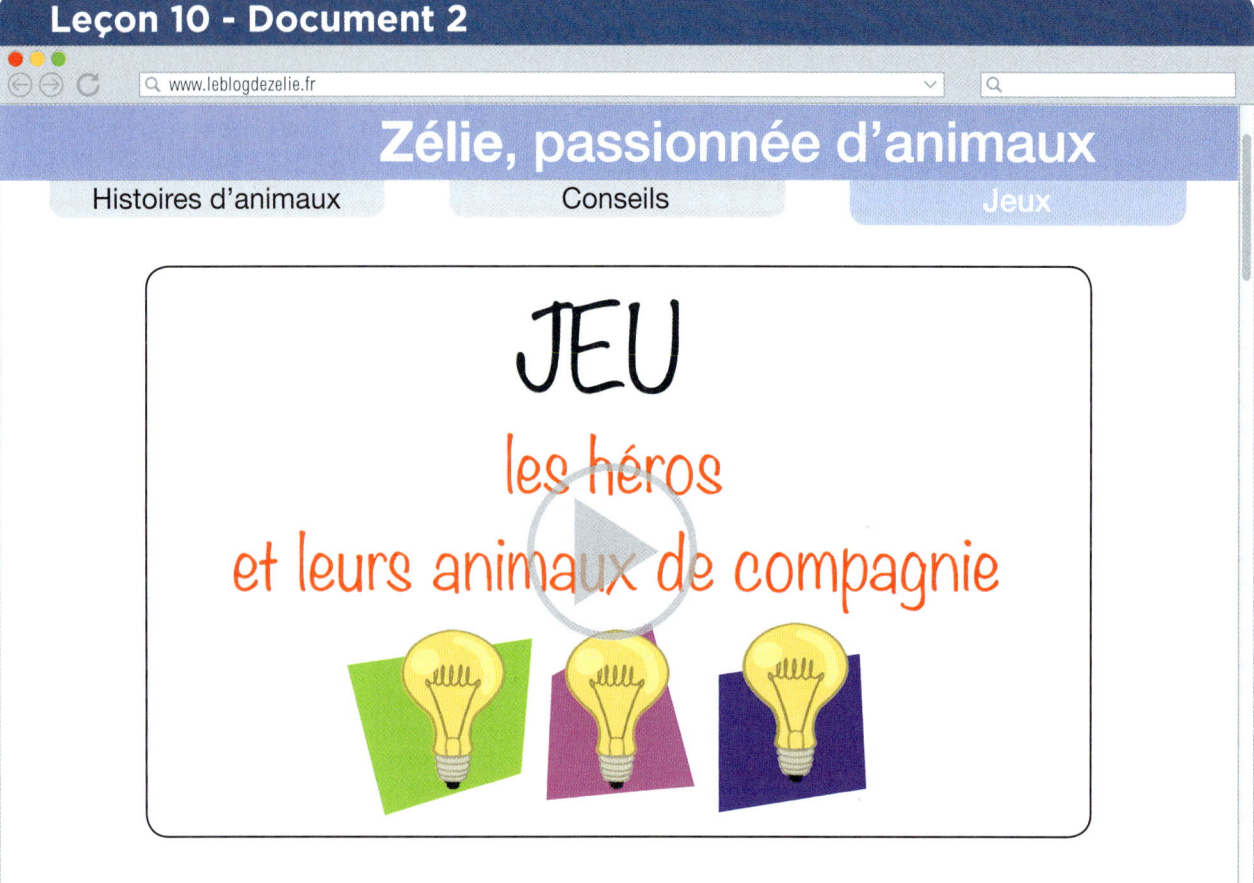

Leçon 10 - Document 2

www.leblogdezelie.fr

Zélie, passionnée d'animaux

Histoires d'animaux — Conseils — Jeux

JEU — les héros et leurs animaux de compagnie

1 Observe le blog. Que propose Zélie dans sa vidéo ?

2 ▶ Regarde le début de la vidéo sans le son. (▶ 0'28")

  a. Quels types de personnages tu vois ?

  des personnages de la vraie vie — des personnages de fiction

  b. 💬 Par deux. Quels personnages connaissez-vous ? Comparez avec la classe.

  c. Quels animaux tu vois ?

3 ▶ Regarde la vidéo avec le son.

  a. Zélie donne des informations sur :
  1. le physique des héros
  2. les super-pouvoirs des héros
  3. le caractère de leur animal

b. Associe les personnages de la vidéo à leur animal. Quels sont les intrus ?

 Hermione Granger

 Jack Sparrow

 Obélix

 Lucky Luke

 Jolly Jumper

 Pattenrond

 Jack

 Idéfix

4 a. Regarde encore et réponds.
1. Qui est châtain ?
2. Qui a des moustaches ?
3. Qui a les cheveux longs ?
4. Qui a les yeux marron ?
5. Qui est roux ?
6. Qui est grand ?

b. Décris l'intrus de l'activité **3b**. Compare avec tes camarades.

> **Décrire le physique**
> Il/Elle est...
> • grand(e) ≠ petit(e), gros/grosse.
> • châtain, brun(e), roux/rousse.
> Il/Elle a...
> • les cheveux longs.
> • les yeux marron.
> Il a des moustaches.

5 **Créons un quiz sur les héros et leur animal !**

Carte mentale
p. 64-65

En groupes
a. Choisissez un duo « héros / animal ».
b. Décrivez le héros et donnez le nom de son animal. La classe devine.

> Elle est rousse. Elle a... . Son animal de compagnie, c'est un chat.

Culture et Citoyenneté

Doc. 1
Les animaux de compagnie préférés des Français

En France, 50 % des familles ont un animal de compagnie. Quels sont leurs animaux préférés ?

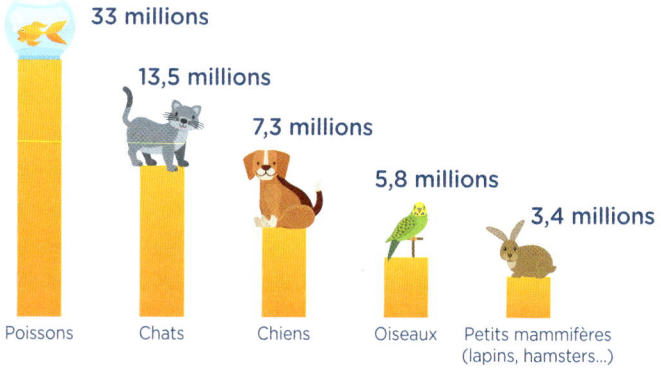

- 33 millions — Poissons
- 13,5 millions — Chats
- 7,3 millions — Chiens
- 5,8 millions — Oiseaux
- 3,4 millions — Petits mammifères (lapins, hamsters…)

Doc. 2
Les NAC (Nouveaux animaux de compagnie)

Aujourd'hui, beaucoup de Français ont des animaux de compagnie originaux et exotiques. Les NAC sont souvent :
- de petits mammifères comme le furet ;
- des oiseaux comme le perroquet ;
- des reptiles comme le serpent (boa, python…) ;
- des araignées comme la mygale.

1

2

3

4

1. À ton avis, quel est l'animal de compagnie préféré dans ton pays ?
2. Lis les documents et réponds.
   a. (Doc. 1) En France, il y a plus de 60 millions d'animaux de compagnie. Vrai ou faux ?
   b. (Doc. 1) Quel est l'animal de compagnie préféré des Français ?

Les animaux de compagnie des Français

Unité 5

Doc. 3

Les **animaux** pour décrire **le caractère**

A Avoir un caractère de chien.

C Avoir une mémoire d'éléphant.

B Être une poule mouillée.

D Être une tête de mule.

1. Observe la capture d'écran. À ton avis, ces personnes promènent quel animal ?

2. Regarde la vidéo et réponds.
   a. Vérifie tes hypothèses à la question **1**.
   b. Cite d'autres animaux de compagnie vus dans la vidéo.
   c. Vrai ou faux ?
      1. Le serpent des blés est d'origine française.
      2. La mygale est d'origine sud-américaine.

COMPÉTENCES citoyennes

Animaux abandonnés

TU TROUVES UN CHIEN DANS LA RUE ?

1. Attention, danger ! Reste à distance de l'animal !
2. Appelle la police !
3. Quand le chien est gentil, tu peux l'emmener chez un vétérinaire.

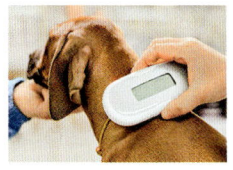 Avec une puce électronique ou un tatouage, le vétérinaire peut identifier l'animal et contacter ses propriétaires.

Lis le prospectus. Associe les conseils aux photos.

A   B   C

c. **(Doc. 2)** Retrouve le nom des animaux sur les photos.
Photo 1 : un p... • Photo 2 : une m... • Photo 3 : un s... • Photo 4 : un f...

d. **(Doc. 3)** Associe les expressions à leur signification.
1. Ne pas être courageux.
2. Avoir une très bonne mémoire.
3. Ne pas changer d'opinion.
4. Ne pas avoir un bon caractère.

3 Et dans votre langue, vous utilisez des expressions avec des animaux ? Donnez des exemples.

Mon cours de SVT

> **J'apprends à situer les animaux dans leur milieu naturel.**

1 🎧 129 **Par deux.** Observez le dessin. Écoutez et montrez chaque animal. Le/La plus rapide marque un point par animal trouvé. Attention, il y a un intrus !

2 a. Associe les types d'animaux à leur milieu.

Les animaux terrestres 🌿   Les animaux aquatiques 💧   Les animaux aériens

le ciel   la terre   l'eau

b. 💬 **Par deux.** Dis le nom d'un animal de l'activité **1**. Ton/Ta camarade dit le type d'animal correspondant.

Un lapin !   C'est un animal terrestre !

c. Observe ces animaux. Quel est l'intrus ? Pourquoi ?

1   2   3   4   5   6

108 cent huit

Sciences et Vie de la Terre

Unité 5

> **J'apprends à classer les animaux.**

3 a. Associe et trouve cinq catégories d'animaux.

un in-   un mam-   un oi-   un pois-   un rep-

-mifère   -seau   -secte   -son   -tile

b. 🎧 130 Écoute pour vérifier.

c. Quelle catégorie d'animal n'est pas sur le dessin de l'activité **1** ?

4 a. Associe les animaux suivants à leur catégorie.

1 une abeille
2 un requin
3 un crocodile
4 une poule
5 un moustique
6 une baleine

b. 🎧 131 Écoute pour vérifier.

c. 🎲 **En groupes.** Le jeu des animaux.
Dessine un animal. Tes camarades disent le type d'animal et sa catégorie.

terrestre   aérien   aquatique

mammifère   insecte   poisson   oiseau   reptile

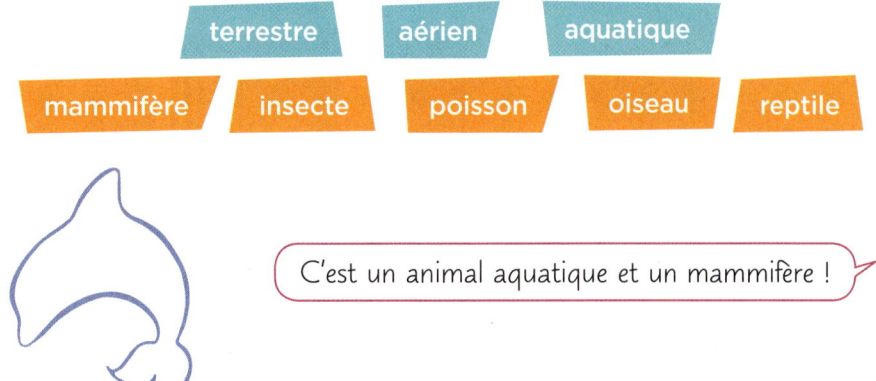

C'est un animal aquatique et un mammifère !

cent neuf 109

Culture et Citoyenneté

Doc. **1**

Les mots d'Internet

Mail, hashtag, cloud… Les mots anglais sont nombreux dans la communication sur Internet. **Comment on peut dire ces mots en français ?**

Hashtag se dit aussi « mot-dièse ».

Un **mail** s'appelle aussi un « courriel ».

Une **fake news** (fausse information) se dit aussi « infox ».

Un **smiley** (ou émoji) est aussi une émoticône.

Le **cloud** s'appelle aussi un « nuage ».

COMPÉTENCES citoyennes

Accros aux écrans

1 Fais le test.

Tu es accro aux écrans ?
Réponds *oui* ou *non*.
1. Je me connecte plus de trois heures par jour et parfois la nuit.
2. Je suis en colère quand je ne peux pas me connecter.
3. Je ne peux pas me concentrer en classe, je pense toujours à mon smartphone.
4. Je préfère les échanges virtuels aux échanges réels.

▶ *Tu as trois réponses « oui » ? Tu es accro aux écrans !*

2 Associe pour retrouver trois conseils.

a. Ne te connecte pas
b. Limite ton temps
c. Fais des activités
d. Utilise une montre

1. avec ta famille ou tes amis.
2. pour regarder l'heure, pas ton téléphone !
3. sur les réseaux sociaux (au maximum une heure par jour).
4. le matin avant le collège ou le soir après 20 heures.

1 Dans ta langue, est-ce qu'on utilise des mots anglais pour parler d'Internet ? Donne des exemples.

2 Lis les documents et réponds.
a. **(Doc. 1)** Comment on exprime ses états d'âme dans un message ?
avec un mot-dièse • avec une émoticône • avec un nuage
b. **(Doc. 1)** Trouve un autre mot pour dire : un mail. • une fake news.

Internet et communication

Unité 6

Doc. 2

Une ado française connectée

Voici Emma. Elle passe son temps à **surfer** sur Internet.

Elle aime aussi **chatter** (discuter) sur Instagram ou Snapchat, **tweeter** sur Twitter et **googler** des personnes.

 Elle **scrolle** aussi beaucoup sur son téléphone.

Emma aime **poster** (ou publier) des photos et des **selfies** sur les réseaux sociaux.

Ses **followers likent** ses posts.

1 Observe la capture d'écran. Vrai ou faux ?

Le premier smiley est une création américaine.

2 Regarde la vidéo et réponds.
a. Qui est Franklin Loufrani ?
b. On trouve le premier smiley :
• sur un disque de musique.
• sur les smartphones.
• dans les pages du journal *France-Soir*.
c. Qu'est-ce que Nicolas, le fils de Franklin, crée ?
(2 réponses correctes)
• Le smiley « content ».
• Le smiley « triste ».
• D'autres smileys avec d'autres états d'âme.

c. **(Doc. 2)** Trouve les deux verbes qui signifient : écrire un message sur Twitter. • faire des recherches sur quelqu'un avec un moteur de recherche.

d. **(Doc. 2)** On aime bien la publication d'une personne. Qu'est-ce qu'on fait ?
On *surfe* • *chatte* • *skrolle* • *like*   la publication.

3 **En groupes.** Quelles actions faites-vous souvent sur Internet ? Faites un classement.

> N° 1 : on poste des selfies !

Mon cours d'informatique

> **J'apprends à nommer mes actions sur un ordinateur.**

1 a. 🎧 132 Observe les photos et écoute. Retrouve le nom de chaque composant d'un ordinateur.

un clavier   un écran   une imprimante   une souris

1

2

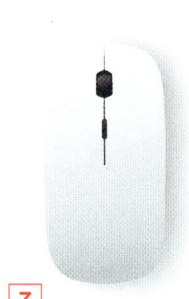
3

4

b. 🎧 132 Réécoute et associe les actions aux icônes.

taper   cliquer et sélectionner   afficher   imprimer

1

2

3

4

2 💬 Par deux. Dis le nom d'un composant de l'ordinateur. Ton/Ta camarade dit ce que tu fais avec.

Avec une souris ?   Tu ... !

Unité 6

> **J'apprends à parler des actions sur Internet.**

3 Observe le mail et associe.

une pièce jointe   un moteur de recherche   un lien   un mot-clé

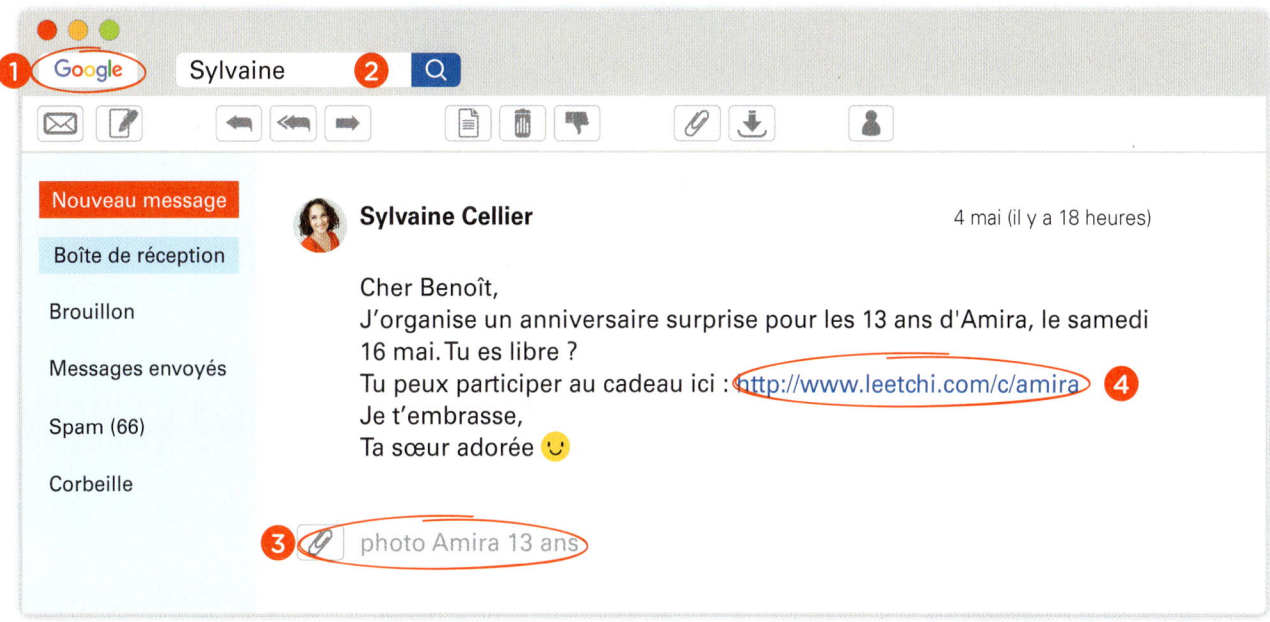

4 a. Associe les questions aux réponses. Attention, il y a un intrus !

1. Comment envoyer une pièce jointe par mail ?
2. Comment chercher des informations sur Internet ?

- Taper des mots-clés dans un moteur de recherche.
- Cliquer sur le lien et cliquer sur la vidéo.
- Cliquer sur l'icône et sélectionner le document à envoyer.

b. Par deux. Choisis une question. Ton/Ta camarade t'explique comment faire. Aidez-vous des verbes suivants.

cliquer sur   taper   sélectionner

- Comment envoyer une vidéo par mail ?
- Comment créer un compte Gmail ?
- Comment imprimer un document ?

cent treize 113

Vers le DELF A1

➤ Compréhension de l'oral

25 points

Vous allez entendre trois enregistrements, correspondant à trois documents différents.

Pour les deux premiers documents, vous avez :
– 30 secondes pour lire les questions ;
– une première écoute, puis 30 secondes de pause pour répondre aux questions ;
– une seconde écoute, puis 30 secondes de pause pour compléter vos réponses.

Pour répondre aux questions, cochez ✔ la bonne réponse ou écrivez l'information demandée.

EXERCICE 1

4 points

🎧 133 **Lisez les questions. Écoutez la conversation puis répondez.**

1. Maxence et Adriel vont à une exposition sur… *(1 point)*
   - A ☐ le Japon.
   - B ☐ le Brésil.
   - C ☐ le Maroc.

2. Cette exposition est le… *(1 point)*
   - A ☐ mercredi 16 mars.
   - B ☐ dimanche 6 mai.
   - C ☐ dimanche 6 mars.

3. Quel est le numéro de téléphone d'Adriel ? *(2 points)*
   - A ☐ 06 23 52 76 01
   - B ☐ 06 23 52 66 01
   - C ☐ 06 23 62 76 01

EXERCICE 2

6 points

 134 **Lisez les questions. Écoutez le message téléphonique puis répondez.**

1. Quand est la rentrée des associations sportives ? *(2 points)*
   - A ☐ Lundi.
   - B ☐ Mercredi.
   - C ☐ Samedi.

2. Dorian est inscrit à un cours de/d'… *(1 point)*

A ☐

B ☐

C ☐

3. Alice est inscrite à quel cours ? *(2 points)*
   - A ☐ Au cours d'escalade.
   - B ☐ Au cours de pétanque.
   - C ☐ Au cours de tennis.

4. Pour participer aux cours, Julien doit apporter... *(1 point)*

A ☐

B ☐

C ☐

EXERCICE 3

15 points

 135 Vous allez entendre cinq petits dialogues correspondant à cinq situations différentes. Il y a 15 secondes de pause après chaque dialogue. Notez, pour chaque image, le numéro du dialogue qui correspond. Puis vous allez entendre à nouveau les dialogues. Vous pouvez compléter vos réponses. Regardez les images. Attention, il y a six images (A, B, C, D, E et F) mais seulement cinq dialogues.

Image A

Situation n° ...

Image B

Situation n° ...

Image C

Situation n° ...

Image D

Situation n° ...

Image E

Situation n° ...

Image F

Situation n° ...

cent quinze 115

Vers le DELF A1

➤ Compréhension des écrits

25 points

Pour répondre aux questions, cochez ✓ la bonne réponse ou écrivez l'information demandée.

EXERCICE 1

6 points

Vous lisez ce message sur un forum Internet.

> Salut !
> Je m'appelle Gabriela Pinto. J'ai 13 ans et je suis brésilienne. J'habite à Rio de Janeiro.
> Je cherche des correspondants francophones pour écrire et parler en français. J'aime lire et dessiner. J'adore le sport. Je fais de la randonnée et de l'escalade le week-end. Pour moi, ce sont des loisirs, je déteste les compétitions !
> Au collège, ma matière préférée, c'est l'éducation physique et sportive bien-sûr mais j'aime aussi beaucoup l'histoire-géographie !
> À bientôt !

Répondez aux questions.

1. Quel âge a Gabriela ? *(1 point)*
   - A ☐ trois ans.
   - B ☐ treize ans.
   - C ☐ trente ans.

2. De quel pays vient Gabriela ? *(1 point)*
   - A ☐ De Belgique.
   - B ☐ De France.
   - C ☐ Du Brésil.

3. Qu'est-ce qu'elle aime ? *(2 points)*

A ☐

B ☐

C ☐

4. Qu'est-ce qu'elle n'aime pas ? *(1 point)*
   - A ☐ Le sport.
   - B ☐ Les compétitions.
   - C ☐ Les loisirs.

5. Quelle est sa matière préférée ? *(1 point)*
   - A ☐ Le sport.
   - B ☐ Le français.
   - C ☐ Les arts plastiques.

EXERCICE 2

[7 points]

Vous êtes au collège en France. Vous lisez cette affiche.

Cherche jeune acteur

Notre collège participe à un festival de théâtre le 23 avril prochain.

Tu as entre 12 et 16 ans ? Tu es grand et brun et tu as les cheveux courts ? Viens jouer avec nous dans notre nouvelle pièce !

L'atelier théâtre a lieu le mercredi de 16 h à 18 h dans le gymnase du collège.

Tu es intéressé ? Inscriptions et informations par téléphone : 04 76 53 22 99

Répondez aux questions.

1. Qu'est-ce qu'il y a le 23 avril ? *(2 points)*

A ☐

B ☐

C ☐

2. On cherche... *(2 points)*

A ☐

B ☐

C ☐

3. Choisissez la bonne réponse. *(2 points)*

Jour	A ☐ Le lundi. B ☐ Le mercredi. C ☐ Le samedi.	
Lieu	A ☐ Dans une salle de cours du collège. B ☐ Dans le gymnase du collège. C ☐ Dans la cour de récréation du collège.	

4. Comment est-ce qu'on peut s'inscrire ? *(1 point)*

A ☐ Par téléphone.
B ☐ Sur Internet.
C ☐ Au secrétariat du collège.

Vers le DELF A1

EXERCICE 3

6 points

Vous lisez l'emploi du temps d'Ahmed, un ami français.

	Lundi	Mardi	Mercredi	Jeudi	Vendredi
8h – 9h	Maths	Enseignement moral et civique	Français	Sciences physiques	Sciences physiques
9h – 10h	Maths	Enseignement moral et civique	Maths	Espagnol	Français
10h – 11h	Anglais	Arts plastiques	Maths	Anglais	Français
11h – 12h	Histoire-géo	Éducation musicale	Arts plastiques	Éducation musicale	Espagnol
	Déjeuner				
14h – 15h	EPS	Technologie		SVT	Anglais
15h – 16h	EPS	Technologie		SVT	Histoire-géo
16h – 17h	SVT	Histoire-géo		Français	

Répondez aux questions.

1. Quels jours Ahmed a cours de mathématiques ? *(2 points)*
   - A ☐ Le lundi et le vendredi.
   - B ☐ Le lundi et le mercredi.
   - C ☐ Le mercredi et le vendredi.

2. Quelles langues étrangères est-ce qu'Ahmed apprend ? *(2 points)*
   - A ☐ L'anglais et l'espagnol.
   - B ☐ L'espagnol et l'italien.
   - C ☐ Le français et l'anglais.

3. Ahmed a… *(1 point)*
   - A ☐ 3
   - B ☐ 4   … heures de français par semaine.
   - C ☐ 5

4. Quand est-ce qu'il n'a pas de cours l'après-midi ? *(1 point)*
   - A ☐ Le mercredi.
   - B ☐ Le jeudi.
   - C ☐ Le vendredi.

EXERCICE 4

6 points

Vous lisez le courriel d'Issa, un ami français.

De : Issa@yahoo.fr

Objet : des nouvelles !

Salut !
Ça va ?
J'utilise l'ordinateur de mon frère pour écrire ce message. J'ai un problème avec mon téléphone. Je suis en colère.
J'envoie des messages tous les jours et je chatte souvent avec mes amis sur les réseaux sociaux…
Et aujourd'hui, c'est impossible ! Et toi, tu utilises souvent les réseaux sociaux ?
Demain, je vais à un festival de jeux vidéo avec mon meilleur ami, Gabriel.
On partage la même passion ! Au festival, on rencontre aussi des youtubeurs célèbres, c'est génial !
Et toi, tu participes aussi à des festivals ? Qu'est-ce que tu fais avec tes amis ?
A +
Issa

Répondez aux questions.

1. Quel est l'état d'âme d'Issa ? *(1 point)*

 A ☐    B ☐    C ☐

2. Que fait Issa avec son téléphone ? *(2 points)*
   - A ☐ Il téléphone tous les jours à son meilleur ami.
   - B ☐ Il regarde beaucoup de vidéos.
   - C ☐ Il discute avec ses amis sur les réseaux sociaux.

3. Qui est Gabriel ? *(1 point)*
   - A ☐ Le frère d'Issa.
   - B ☐ Le père d'Issa.
   - C ☐ Le meilleur ami d'Issa.

4. Où vont Issa et Gabriel ? *(2 points)*

 A ☐    B ☐    C ☐

Vers le DELF A1

➤ Production écrite

25 points

EXERCICE 1

10 points

Vous cherchez un(e) correspondant(e) francophone. Remplissez ce formulaire.

Nom : ...	*(1 point)*
Prénom : ...	*(1 point)*
Âge : ...	*(1 point)*
Nationalité : ...	*(1 point)*
Pays : ...	*(1 point)*
Ta description (2 adjectifs) : ... / ...	*(2 points)*
Matière préférée : ...	*(1 Point)*
Sport préféré : ...	*(1 Point)*
Loisir préféré : ...	*(1 Point)*

EXERCICE 2

15 points

Vous écrivez un courriel à votre correspondant(e) francophone. Vous lui parlez de votre collège et de votre emploi du temps. (40 mots minimum)

➤ Production orale

25 points

EXERCICE 1 • Entretien dirigé sans préparation (1 minute environ)

5 points

Vous vous présentez : vous parlez de vous, de votre famille et de vos amis.
Vous parlez de vos goûts (Qu'est-ce que vous aimez ? Qu'est-ce que vous n'aimez pas ?)
Vous dites ce que vous faites le week-end (Qu'est-ce que vous faites le samedi et le dimanche ?
Vous aimez le sport ? Quel sport est-ce que vous faites ?)

EXERCICE 2 • Échange d'informations avec préparation (2 minutes environ) `5 points`

Vous voulez connaître votre camarade. Vous lui posez des questions à l'aide des mots écrits sur les cartes. Vous ne devez pas obligatoirement utiliser le mot, vous pouvez poser une question sur le thème.

| Aimer | Frère | Cantine |
| Heure | Mail | Randonnée |

EXERCICE 3 • Dialogue simulé ou jeu de rôle avec préparation (2 minutes environ) `15 points`

Vous lisez le sujet et vous jouez la situation proposée.

Par deux.

Vous êtes en France. Une association de votre ville propose des activités de loisirs. Vous demandez des informations sur les activités, les jours et les horaires. Vous choisissez votre activité et vous vous inscrivez.

Votre camarade joue le rôle du responsable de l'association.

Précis grammatical

Les articles

Les articles indéfinis

▶ Unité 1

	Masculin	Féminin
Singulier	**un** skate	**une** casquette
Pluriel	**des** skates	**des** casquettes

des + voyelle ou *h* muet : **s** se prononce [z] : **des** o‿bjets.

Les articles définis

▶ Unité 1

	Masculin	Féminin
Singulier	**le** casque	**la** trottinette
	l'adolescent*	**l'**adolescente*
Pluriel	**les** casques	**les** trottinettes

* *l'* + nom singulier qui commence par une voyelle ou un *h* muet.
les + voyelle ou *h* muet : **s** se prononce [z] : **les** o‿bjets.

Les prépositions

La préposition *de* + article défini

▶ Unité 2

	Masculin	Féminin
Singulier	le drapeau **du** Japon	le drapeau **de la** Belgique
	le drapeau **de l'**Allemagne*	
Pluriel	le drapeau **des** États-Unis	

* *de l'* + nom singulier qui commence par une voyelle ou un *h* muet.

La préposition *à* + article défini

▶ Unité 4

Pour indiquer le lieu où on est *(je suis)* ou la destination *(je vais)*, on utilise la préposition *à*.

	Masculin	Féminin
Singulier	**au** CDI	**à la** cantine
	à l'atelier vidéo	
Pluriel	**aux** toilettes	

Faire de et *jouer à* + article défini

▶ Unité 3

	Masculin	Féminin
Singulier	Je fais **du** sport.	Je fais **de la** randonnée.
	Je fais **de l'**exercice.	Je fais **de l'**escalade.

	Masculin	Féminin
Singulier	Je joue **au** foot.	Je joue **à la** pétanque.
Pluriel	Je joue **aux** jeux vidéo.	Je joue **aux** cartes.

122 cent vingt-deux

Les noms

Le genre des professions

▶ Unité 5

masculin + -e → féminin	un(e) professeur(e)
masculin = féminin	un(e) médecin un(e) journaliste
-er → -ère	un policier → une policière
-teur → -trice	un acteur → une actrice ! un chanteur → une chanteuse

Le pluriel des noms

▶ Unité 1

Règle générale
nom singulier + -s = pluriel

	Masculin	Féminin
Singulier	le casque	une casquette
Pluriel	les casques*	des casquettes*

* Le -s final ne se prononce pas.

Les adjectifs qualificatifs

L'accord des adjectifs

▶ Unités 2 et 5

Le genre

masculin + -e → féminin	grand → grande original → originale
masculin = féminin	drôle, sympa, dynamique
-if → -ive	actif → active
-eux → -euse	courageux → courageuse
-el → -elle	exceptionnel → exceptionnelle

! beau, belle / doux, douce / gentil, gentille / gros, grosse

Le nombre

masculin + -s → pluriel	féminin + -s → pluriel
grands	grandes, originales, belles
drôles, sympas, dynamiques	

! beaux, originaux

Précis grammatical

Les adjectifs de nationalité

▶ Unité 2

Singulier	
Masculin	Féminin
allemand	allemand**e**
marocain	marocain**e**
chinois	chinois**e**
japonais	japonais**e**
espagnol	espagnol**e**
brésilien	brésilien**ne**
belge	belge
turc	tur**que**
grec	grec**que**

! Au **pluriel**, les adjectifs de nationalité prennent un **-s**.
Il est espagnol. → Ils sont espagnol**s**.
Elle est espagnol**e**. → Elles sont espagnol**es**.

! Il est français. → Ils sont français.

L'accord des adjectifs de couleur

▶ Unité 5

Règle générale

Singulier	Pluriel
noir / noir**e**	noir**s** / noir**es**
vert / vert**e**	vert**s** / vert**es**
gris / gris**e**	gris / gris**es**
jaune, rose, rouge	jaune**s**, rose**s**, rouge**s**

Exceptions

Masculin	Féminin
blanc	blanche
roux	rousse
violet	violette
châtain	châtain
marron	marron

Singulier	Pluriel
bleu	bleus
orange	orange
marron	marron

La place des adjectifs

▶ Unité 6

- En général, les adjectifs qualificatifs se placent **après** le nom : les réseaux **sociaux**, les amis **fidèles**, des moments **importants**...
- Mais certains adjectifs se placent **avant** le nom :
  – les adjectifs numéraux : **deux** potes
  – les adjectifs courts : mes **vrais** amis, la **même** passion, de **bons** moments...

! Quand l'adjectif est placé **avant** le nom, *des* → *de/d'* : **de** bons moments

Les adjectifs possessifs et démonstratifs

Les adjectifs possessifs

▶ Unité 2

Singulier		Pluriel
Masculin	Féminin	Masculin / Féminin
mon père	**ma** mère	**mes** parents
ton père	**ta** mère	**tes** parents
son père	**sa** mère	**ses** parents
notre père	**notre** mère	**nos** parents
votre père	**votre** mère	**vos** parents
leur père	**leur** mère	**leurs** parents

Les adjectifs démonstratifs

▶ Unité 4

	Masculin	Féminin
Singulier	**ce** bâtiment **cet*** endroit	**cette** salle
Pluriel	**ces** bâtiments **ces** endroits	**ces** salles

* *Cet* + nom masculin qui commence par une voyelle ou un *h* muet.

C'est / Ce sont – Il/Elle est, Ils/Elles sont

▶ Unités 1 et 2

Pour identifier	**C'est** + nom singulier ou prénom	C'est un casque. C'est la montre de Léa. C'est Maxence. C'est ma cousine.
	Ce sont + nom pluriel ou prénoms	Ce sont des sacs. Ce sont les lunettes de Léa. Ce sont Eliette et Lorie. Ce sont mes cousins.
Pour décrire	**Il/Elle est** + adjectif singulier	Il est beau. Elle est intelligente.
	Ils/Elles sont + adjectif pluriel	Ils sont beaux. Elles sont intelligentes.

Il y a et il n'y a pas de/d'

▶ Unité 4

Il y a est une forme invariable.

Il y a un CDI, une cantine, des casiers, des ordinateurs.
Il n'y a pas de CDI, **de** cantine, **de** casiers, **d'**ordinateurs.

Les pronoms

▶ Unité 4

Pronoms toniques	Pronoms sujets[1]	Avec les verbes pronominaux	Exemples
moi	je / j'[2]	me / m'[2]	**Moi**, **je m'**appelle…
toi	tu	te / t'[2]	**Toi**, **tu t'**appelles…
lui	il	se / s'[2]	**Lui**, **il s'**appelle…
elle	elle	se / s'[2]	**Elle**, **elle s'**appelle…
nous	on[3]	se / s'[2]	**Nous**, **on s'**appelle…
nous	nous	nous	**Nous**, **nous nous** appelons…
vous	vous	vous	**Vous**, **vous vous** appelez…
eux	ils	se / s'[2]	**Eux**, **ils s'**appellent…
elles	elles	se / s'[2]	**Elles**, **elles s'**appellent…

! [1] En français, les pronoms personnels sujets sont toujours exprimés.
[2] devant un verbe qui commence par une voyelle ou un *h* muet.
[3] **On a** cours de techno. = **Nous avons** cours de techno.
On est suivi d'un verbe à la 3ᵉ personne du singulier.

Précis grammatical

Très et beaucoup (de/d')
▶ Unité 5

Pour exprimer l'intensité	**très** + adjectif ou adverbe	Ils sont **très courageux**. Ils guident **très bien** les aveugles.
Pour exprimer la quantité	verbe + **beaucoup**	Ils **aiment beaucoup** le contact avec les humains.
	beaucoup de/d' + nom	Ils ont **beaucoup de qualités**. Ils ont **beaucoup d'**autres **qualités**.

Les indéfinis

Quelqu'un (de/d') et quelque chose (de/d')
▶ Unité 5

Pour les personnes	**Quelqu'un**	**Quelqu'un** a la réponse ? C'est **quelqu'un de** généreux.
Pour les choses	**Quelque chose**	Tu fais **quelque chose** demain ? C'est **quelque chose d'**extraordinaire.

Tout
▶ Unité 6

	Masculin	Féminin
Singulier	**tout** le monde	**toute** la planète
Pluriel	**tous** les réseaux sociaux	**toutes** ces icônes

! **tous** les jours, **toutes** les semaines : pour exprimer la fréquence

L'interrogation
▶ Unités 1, 3, 4 et 6

	avec intonation	avec *est-ce que/qu'*
	Tu aimes la marche ? Il aime le sport ?	**Est-ce que** tu aimes la marche ? **Est-ce qu'**il aime le sport ?
+ un mot interrogatif	C'est **quoi** ? Elle fait **quoi** comme sport ?	**Qu'est-ce que** c'est ? **Qu'est-ce qu'**elle fait comme sport ?
	On s'inscrit **où**[1] ?	**Où est-ce qu'**on s'inscrit ?
	Tu participes **quand**[2] ?	**Quand est-ce que** tu participes ?
	Comment[3] tu t'appelles ?	**Comment est-ce que** tu t'appelles ?

[1] *où* : pour poser une question sur le lieu
[2] *quand* : pour poser une question sur le moment
[3] *comment* : pour poser une question sur la manière

Combien / Combien de/d'
▶ Unité 6

Combien	Tu envoies beaucoup d'émojis ? **Combien** ?
Combien + verbe	**Combien** (est-ce que) vous êtes dans ce groupe WhatsApp ? Vous êtes **combien** dans ce groupe WhatsApp ?
Combien de/d' + nom	**Combien de** petites icônes (est-ce que) nous utilisons par jour ? Nous utilisons **combien d'**émojis par jour ?

combien (de/d') : pour poser une question sur la quantité, le nombre.

La négation

▶ Unité 3

La négation *ne... pas*	**ne/n'** + verbe + **pas**	Tu cuisines. → Tu **ne** cuisines **pas**. J'aime ça. → Je **n'**aime **pas** ça.
La négation *ne... pas de*	**un, une, du, de la, de l', des** → **ne** ... **pas de/d'**	Je fais du sport. → Je **ne** fais **pas de** sport. J'ai un entraînement. → Je **n'**ai **pas d'**entraînement.

! **C'est du** sport. → **Ce n'est pas du** sport.
  Ce sont des activités. → **Ce ne sont pas des** activités.

Le présent de l'indicatif

▶ Unités 1, 3, 4 et 6

Les verbes en *-er* : règle générale
radical de l'infinitif + **-e**, **-es**, **-e**, **-ons**, **-ez**, **-ent**

Aimer (aim-)
J'aim**e**
Tu aim**es**
Il/Elle/On aim**e**
Nous aim**ons**
Vous aim**ez**
Ils/Elles aim**ent**

Autres verbes : adorer, cuisiner, danser, dessiner, détester, écouter, jouer, marcher, parler, regarder…

Cas particuliers

verbes en *-eler* verbes en *-yer* verbes en *-ger*[3]

S'appeler[2]	Envoyer	Partager
Je m'appe**ll**e	J'envo**i**e	Je partage
Tu t'appe**ll**es	Tu envo**i**es	Tu partages
Il/Elle/On s'appe**ll**e	Il/Elle/On envo**i**e	Il/Elle/On partage
Nous nous appelons	Nous envoyons	Nous partag**e**ons
Vous vous appelez	Vous envoyez	Vous partagez
Ils/Elles s'appe**ll**ent	Ils/Elles envo**i**ent	Ils/Elles partagent

[2] *me, te, se* → *m', t', s'* devant une voyelle ou un *h* muet
[3] autres verbes : changer, échanger, télécharger

Précis grammatical

Autres verbes

Avoir	Être	Faire
J'ai	Je suis	Je fais
Tu as	Tu es	Tu fais
Il/Elle/On a	Il/Elle/On est	Il/Elle/On fait
Nous avons	Nous sommes	Nous faisons
Vous avez	Vous êtes	Vous faites
Ils/Elles ont	Ils/Elles sont	Ils/Elles font

Aller	Venir	Pouvoir
Je vais	Je viens	Je peux
Tu vas	Tu viens	Tu peux
Il/Elle/On va	Il/Elle/On vient	Il/Elle/On peut
Nous allons	Nous venons	Nous pouvons
Vous allez	Vous venez	Vous pouvez
Ils/Elles vont	Ils/Elles viennent	Ils/Elles peuvent

L'impératif

▶ Unité 6

On utilise l'impératif pour donner des conseils ou des ordres.

	Présent de l'indicatif	Impératif
2ᵉ pers. sing.	Tu utilise**s**	**Utilise**
1ʳᵉ pers. plur.	Nous utilisons	**Utilisons**
2ᵉ pers. plur.	Vous utilisez	**Utilisez**

	Présent de l'indicatif	Impératif
2ᵉ pers. sing.	Tu fais	**Fais**
1ʳᵉ pers. plur.	Nous faisons	**Faisons**
2ᵉ pers. plur.	Vous faites	**Faites**

Forme négative
Ne **donnez** pas d'informations personnelles !
Ne **partagez** jamais vos photos avec tout le monde !